革新・共同党宣言

共産党の「改革」か、「新党」かを問う

鈴木　元

あけび書房

はじめに　この本は何を訴えたいのか

先に結論を言うと、混迷する日本の政治を革新するための政党はどうあるべきかとの国民的討論を開始しませんか、ということである。

「政治を革新する」という言葉は、中高年以上の人にとっては、旧社会党や共産党のことが思い浮ぶだろう。しかし今や社会党後継の社民党は衆議院で1議席、参議院で2議席、共産党も衆議院で8議席、参議院で11議席と、国政レベルでは取るに足らない勢力になってしまった。

若者たちの間ではどうだろうか。成長する過程では、もう社会党も共産党も衰退の過程であり大きな関心を寄せる対象ではなくなっていた。自分たちの将来を託せる政党はなく、多くの若者は選挙や政党に関心を寄せることもないまま、選挙に行かないで棄権してきた。そのため日本の選挙においては今や人口の3分の1を占める高齢者が投票総数の半分ぐらいを占めるに至たり、高齢者の意向にそった議席配分になっている。

この様子に少し変化が見え始めたのが、2024年の東京都知事選挙、衆議院選挙、兵庫県の出直し知事選挙であった。衆議院選挙では国民民主党、れいわ新選組、保守党、参政党が一気に踊りでた。都知事選挙では石丸伸二氏が大躍進、出直し兵庫知事選挙で斎藤元彦氏が当選。いずれも当初の予測と違って、あっという間の出来事であった。これらの党や候補者の躍進の要因にはSNSの活用と若者の参加があった。

そこで私は既存の革新をめざす政党である共産党が（社民党は余りに小さく日本の政治革新を担える党になる可能性はなく、検討を断念した）党の改革を通じて国民の期待に応えられる党になる道と、国民の期待に応える新しい党がつくられる道の2つを考えた。

しかし後で詳しく論ずるが、この間の状況を冷厳に見ると共産党の志位指導部が国民の期待に応えるような改革を行うのは難しいと考える。もう一方、新党の結成はどうだろうか。共産党は戦後80年の活動を経て自民党と並んで全ての都道府県に県組織を作り上げ、さらに300を超える地区組織、2400名の地方議員、1万7000の支部を作り上げてきた。新党を結成したからといってこれだけの組織は容易につくれない。これらの共産党の組織は、日本の革新勢力が大切にすべき財産であり、これを生かさない方策はないと考える。

改革に期待できない、簡単に新党はつくれないとすると、まずは共産党に限らず「れいわ新選組」など既存の党の党員・支持者、いずれの党にも属していないが時々の情勢の下で、期待を抱けそうな党や候補者の当選のために行動してきた人達の間で、「日本の政治を革新・刷新する党はどのような党であるべきか」の討議を開始する。その結果、共産党やれいわ新選組など、既存の党が改革されるのか、新しい党ができるかはその時の国民的討議の進捗によるだろうというのが、現在の私の考えである。

以下、第1部、第2部で共産党が国政レベルでなぜ取るに足らない組織になってしまったかという観点で分析する。第1部では、戦後、社会党や共産党がなぜ前進し、なぜ後退してきたのかを解明し、この間の選挙闘争などの現実の闘争の中での誤りについて記した。第2部では志位和夫議長が言い出した「共産主義＝自由論」批判を行う。それらを踏まえて第3部では、国民の政治革新への期待に応えるために克服すべき方向と「革新・共同党宣言」（試論）を記した。

最初、私は「革新・共同党」という表現を考えた。すると今すぐ新党を呼びかけているような誤解を生むと考え、「革新・共同党宣言」（試論）とした。つまり、マルクスの「共産党宣言」と同じである。既存の政党の中で、また今はいずれの政党にも属していないが政治の革新を願っている人の中で、そしてまだ政治革新までは考えていないが「世の中はおかしい」と思っている人々の中で討議していただいて、共産党が改革されるか、新しい「革新・共同」政党が誕生することを願っている。

この本を購読して面白いと思った方は、身近な人に紹介し読書会などを開催していただきたい。そこで出た感想や意見を、新たに立ち上げるフォーラムに送っていただきたい（巻末にメールフォーム）。それに基づいて2025年の参議院選挙・東京都会議員選挙の結果を踏まえ、次は第3部の「革新・共同党宣言」を補強してパート2としたい。そしてパート3へと発展させることによって政治革新の流れをつくっていきたいと考えている。

2024年12月末　鈴木元

『革新・共同党宣言　共産党の「改革」か、「新党」か』●目次

第3部　克服の方向と「革新・共同党宣言」(試論)…77

第１部
なぜ共産党は国政レベルで取るに足らない政党になったのか

1　なぜ戦後、社会党・共産党は前進し、90年代から後退したのか

１９８０～90年代から社会党や共産党は後退しはじめ、今日では社民党は衆議院で１議席、参議院で２議席となり、共産党も衆議院で８議席、参議院で11議席と、取るに足りない勢力になってきた。なぜなのか、そのことを解明した上で打開策を示さなければならない。残念ながら共産党は度重なる選挙での後退、そして党勢力の後退にもかかわらず、今日までまともな分析も総括も行わず、党勢拡大の訴えだけを繰り返してきた。

(1) 戦後、社会党や共産党が前進した３つの要因

① 反戦平和の国民世論

第二次世界大戦で３１０万人の犠牲者が出たこと、広島・長崎への原爆投下によって一瞬にして21万人の命が奪われたこと、そして東京をはじめとする１００を超える都市が空襲によって壊滅的に破壊された。こうした国民的な戦争体験を背景とした、反戦・非核・平和を求める大きな国民的エネルギーがあった。そこに、社会主義を志向しつつも反戦平和を掲げる社会党や共産党が国民的支持を受ける要素があった。

② 高度経済成長の下で闘えば一定の成果

高度経済成長について当時の共産党は、その否定面を追及していたが、高度経済成長とともに春闘が発足し、闘えば賃上げが実現した。高度経済成長の負の側面である公害に対する闘いの中で革新自治体が生まれた。そして住民運動の要求に応える財政的余裕があったことによって住民要求が実現した。この労働運動と自治体闘争の2つを通じて社会党や共産党が大きな社会的影響力を持った。

③ ソ連をはじめとする社会主義国家の存在

実態がよく知られていないこともあったが、ソ連をはじめとする社会主義国の存在が、社会主義を志向する社会党や共産党への国民の一定の支持につながった。とりわけ未来に生きる青年に大きな影響を与えていた。

(2) 社会党や共産党が後退した3つの問題

しかし80年代後半から90年代前半にかけて、これらの要因は崩れ去り、共産党や社会党は新しい環境の下で闘わざるをえなかった。順序は異なるが、以下の通りである。

①バブル崩壊後に新自由主義の台頭

１９９０年代の最初にバブルが崩壊した。それによって春闘が成り立たなくなると同時に、新自由主義が本格的に持ち込まれ、非正規雇用が四割近く、青年や女性では五割を占めるようになり、労働者の闘いは困難を極めた。また自治体要求の実現どころか、財政難に陥った自治体は次々と住民施策を縮小し削り住民運動・革新運動の基盤が掘り崩された。

これに対して正規労働者だけを組織した企業別労働組合では闘えなかったことは明確である。欧米のように産業別個人加盟労組による非正規労働者を含めた闘いに発展させるべきであったが、共産党の影響下にある労働組合においてもその努力はほとんどなされず、組合組織率は20％を割る状態になってしまった。

また労組・住民運動の後退の下で生活を守り実利を獲得するために、南欧のような各種協同組合の発展に努めることも行われなかった。要するに生活擁護・改善の実利を獲得する闘いが決定的に不足し後退した。

②ソ連崩壊による社会主義神話の崩壊

１９９１年12月、ソ連が崩壊し資本主義国になった。その頃、経済的に行き詰まっていた中国・ベトナムは、改革開放とドイモイの名によって外資導入・私的経営容認に踏み切ることで一気に躍進し、旧来の社会主義神話は崩れ去った。

自民党などから「本家本元のソ連が崩壊したではないか」と言われた共産党の宮本顕治議長（当時）は、「巨悪の崩壊万歳、あれは社会主義でも何でもなかった」と語った。私は、政治家のとっさの発言としてはありうると思った。しかし、いつまでもそれだけではすまない。宮本氏も不破哲三委員長（当時）も「遅れた国から社会主義になったという歴史的制約のある国」「生成期社会主義」とは言っていたが「社会主義ではない」とは言ってこなかった。

しかし共産党は「体制選択論」と断固と闘うと言って、社会主義擁護論を展開した。それでは社会主義の展望はどうなるのかという党内外からの疑問に対して、不破氏らは「中国、ベトナム、キューバは社会主義に向かっている」と言い始めた。この時点ですでに、中国やベトナムは外資導入・私的経営を容認していたのであるから、これは無理な主張であった。

私は1964年から始まったソ連共産党との論争、66年から始まった中国共産党との論争において、日本共産党の主張がソ連や中国の主張より正しいと思っていたが、それだけにとどめず、そもそもマルクス主義に基づく社会主義について深く捉え直す必要性を感じ、様々に勉強をしていた時にソ連の崩壊、中国の改革解放に遭遇し、より根本的に「社会主義論」について勉強し直す必要性を感じた。

それでマルクスと同時代のブルードンなど他の社会主義者の理論、また当時まで「ブルジョワ社会学」といって読みもしていなかったマックス・ウェーバーの著作も読み始めた。さらに「反共主義者」と言われていた猪木正道氏や小泉信三氏などの本にも目を配り始めた。つまりマルクスを絶対化せず相対化していった。したがってある意味では、当時のインテリとは逆さまの思想遍歴となった。彼らは「ブルジョワ学問」を学んでいて「その限界」からマルクス主義に近付いていたが、私の場合は高校時代から民青・共産党に入り、マルクス主義から勉強し、ソ連の崩壊、中国の資本主義導入を契機に40歳代半ばになってからマルクス主義以外の様々な思想潮流を本格的に勉強し始めることになった。しかし1917年のロシア革命成立が、世界のインテリや労働者に巨大な影響を与えたのと同様に、ソ連の崩壊と中国の資本主義導入はマルクス主義者に深い思想的葛藤を伴う、研究のし直しが必要であった。

しかし共産党は、それをせず「体制選択論との闘い」と称して従来の理論の枠組みで対応しようとした。これが今日につながる根本的な欠陥なのだろう。世界中の多くの社会主義者が、ソ連の崩壊と資本主義化、中国の資本主義導入という事態を前にしてマルクス以来の理論と実践、社会主義を名乗ってきた国の実態解明の上に立って、新しい社会主義変革の道と国家像を明らかにする努力をしてきた。私の本棚にも少なくとも30冊程度のものがある。共産党はこうした広く党内外の社会主義を志向する人々と対等平等の真剣なシンポジウムなどを開催し、新しい理論的枠組み組み立てる努力をすべきであったが、マルクスなど既存の理論の枠組みで「体制選択論」に基づく反撃に終始し、国民に合理的な「未来社会論」を提起できないままで来た。

③ 中露の覇権主義による軍事行動に対する従来の平和運動の限界

戦後の平和運動は、被害体験を基礎に、再び日本がアメリカと戦争する国にさせてはならないという運動が中心であった。しかしアジアの平和を実現しようとした場合、国際連帯の闘いが重要であり、そのためには日本の加害の責任も明確にして臨まなければならない。しかしこの観点に立った国際的連帯の運動は、ごくわずかの人々によって進められただけで、本流にはならなかった。そのため戦争体験者が減るにしたがって、平和運動は小さくなってきた。

そこへ大国化した中国やロシアによる覇権主義的な行動が進み、日本国民の中に「日本による侵略の危険より、日本が攻められる危険が増大」等の認識が広がるなど、新しい事態が生じてきた。もはや侵略する危険を止めるという従来型の主張・運動では国民の多数の支持を獲得することは難しくなってきたにもかかわらず、そうした状況を踏まえた新しい主張・運動を構築する努力は示されないまま、厳しい状況に置かれてきた。

２０２４年６月の沖縄県議選において玉木デニー知事与党の議席が23から20へ過半数を割ってしまったこと、最大与党の共産党が７から４に減ってしまったことも、きちんと分析する必要があるだろう。

これらの３つは社会党にも当てはまるが、今に続く共産党独自の問題がある。

⑶共産党固有の問題

共産党は1980年の第15回党大会をピークとして、その時々の政治情勢によって多少の増減はあったが基本的に議席数も党勢も後退し続けてきた。衆議院では41議席から8議席に、機関紙「赤旗」は380部から85万部に減った。その背景には上記したような国の内外での大きな変化に対応出来てこなかったことがあるが、それに付け加えて共産党独自の問題がある。細かいことは省略して大きな柱の問題について述べる。

①満場一致と「目標と期日」を決めた党勢拡大運動

共産党の現在の出発となったのは1961年の第8回党大会において「50年問題」[*注]を最終的に克服して党の統一を回復し、日本の現状に即した「独立・民主を求める民主主義革命から社会主義革命への二段階革命」という綱領を確立したことである。それから約20間、共産党は前進した。

＊注「50年問題」

1950年、ヨーロッパ共産党情報局（コミンフォルム）機関紙において突然、野坂参三氏らが説く「平和革命論」は間違いであるとの論評が発表された。これに賛成した宮本顕治氏らの国際派と、意見を述べた徳田球一氏らの所感派が形成されたが、徳田氏らは宮本氏らを排除して地下活動に入った。やがて中国の北京に所感派の指導部として北京機関がつくられ、そこから日本へ暴力路線が持ち込まれた。国民から大きな批判を浴び、共産党は10万名ほどいた党員が2万名程に、そして1949年の衆議院選挙で当選した35名の議員がゼロとなった。

しかしこの第8回党大会において後の共産党の困難が生まれる2つの問題があった。それはこの党大会において「綱領・規約」が満場一致で採択されたこと。もう1つはこの党大会に向けて「党勢倍化運動」が行われて成功したことである。その3年前の第7回党大会において「綱領草案」は3分1の反対があった。しかし第8回党大会においては満場一致で採択された。このことから宮本顕治書記長（当時）は「安保闘争という国民的体験を通じて真理に至った」として満場一致を良いこととして評価し、以降の党大会では一部例外を除いて満場一致が恒例として定着し、活発な議論が行われなくなった。もう一つは先に示した「党勢倍加運動の成功」であった。

当時共産党は「50年問題」等もあり党勢力は極めて小さかった。しかし50年代後半の勤評闘争、三井三池炭鉱の合理化反対闘争、警職法反対闘争そして安保闘争、これらの国民的闘争で奮闘した共産党の政治的影響に比べて党勢力は明らかに小さすぎた。したがって「党勢倍化」という目標を掲げて独自活動を展開すれば目標は達成できた。

しかし「目標と期日」を決めた党勢拡大運動は、ともすれば数字が独り歩きし成績主義・ノルマ主義をしばしば生み、党活動を一面化する危険があったが、70年代、党が前進しているときは大きな矛盾として表面化することは少なかった。しかし80年代になり党が後退し始めた時、その打開のために、しばしば「党勢拡大月間」が提起され、党は疲弊し始めたが是正されることはなく今日に至っている。

②民主集中制による指導部独裁

共産党は党の組織原則は「民主集中制である」としている。民主集中制という組織原則はレーニンによってつくられた。ツァーリ（皇帝）による専制国家であったロシアにおいて革命を行うためには軍隊的組織でなければならないとしてつくられた組織原則である。１９２２年に日本共産党が創立された時は、レーニンが創立したコミンテルン（世界共産党）の日本支部としてつくられ、民主集中制の採用を義務付けられた。戦後、国民主権の民主主義義国家となり共産党も合法政党となった段階で、民主集中制は放棄し普通の民主的組織原則に基づく政党に変わる必要があったが「革命党」ということで維持された。しかしその党運営はしだいに桎梏となってきた。そうした中で何回か党規約が改正されてきて現在の党規約となっている。

共産党は国民ならびに党員に対して「共産党の運営は最も民主的である」と説いている。そのとき「みんなで討議し、決まったことをみんなで実践する組織」と説明している。しかし、それは民主主義であり民主集中制ではない。

③規約に書いてあるが実行されていないこと

党規約第三条で民主集中制について、その基本は、次の通りであるとして五項目が記されている。

「(一) 党の意志決定は、民主的議論をつくし、最終的には多数決で決める」

これは圧倒的多数の党員が属している支部の運営はその通りである。しかし地区機関、県機関、そして中央委員会・党大会はそうではない。一部例外を除いていつも多数による決定ではなく満場一致である。

「(三) すべての指導機関は選挙によってつくられる」

地区委員も、都道府県委員も、中央委員も、前役員によって推薦名簿がつくられ、○×式の投票が行われており、通常の選挙は行われていない。不破哲三、志位和夫の両氏は宮本顕治氏による後継者指名を受けて委員長・書記局長に就任した。

④規約に書かれていないが行われていること

党の実際の運営は党の専従職員が中心になって担われている。専従職員は党から給与が支給された雇用者であり党組織における上下関係のもとに置かれている。地区委員会においては一般の仕事を持っている地区委員が多数である。しかし党内外の状況掌握は専従職員の役員の方が一般の仕事についている役員より多くの情報を掌握しているため、党運営の中心的役割を果たせる。そして何よりも地区専従は都道府県専従の指揮下、都道府県専従は中央の指揮下にある。都道府県委員長は中央役員であり、給与は中央から支給されており都道府県の他の専従職員の1・3〜1・5倍支給されている。こうした仕組みにより都道府県は中央に逆らえないことになっている。

党会議の運営において、発言者は挙手ではなく事前に発言通告を提出し、党会議事務局の承認を得ずして発言できない。そして発言者は演壇において議案に「賛成する立場」「反対する立場」を明確にしなければならない。したがって議案に反対する人が都道府県党会議さらに党大会に出席できることは極めてまれな仕組みになっている。規約第三条（五）では「意見のちがうことによって、組織的な排除を行ってはならない」と明記されているものの、こうして少数意見・反対意見の人が代議員・役員になることは基本的にはあり得ない仕組みになっている。そして党大会の代議員の70％を超える人が専従活動家によって占められ満場一致を支える仕組みとなっている。

なおレーニンの民主集中制の党建設の柱として、専従活動家（当時は職業革命家）による党運営と機関紙配布網を党組織建設の柱とすることが明記されており、日本共産党はそれを受け継いでいる。

⑤屋上屋を重ねた中央機構により辞任要求にさらされない無責任独裁体制

現在、共産党は志位和夫議長、田村智子委員長、小池晃書記局長の三役を先頭に山下芳生、市田忠義、浜野忠夫、倉林明子、田中悠、緒方靖男の6名の副委員長、そして彼らを含めて25名の常任幹部会員、その25名の常任幹部会員を含む61名の幹部会員、その下に幹部会員を含む190名の中央委員と決議権のない25名の准中央委員によって構成されている。わずか25万人（党費納入者、赤旗購読者などの実数を考慮すると実質はその半分にも満たないだろう）の組織にこれだけの中央役員がおり、かつ給与が支給されている。党大会代議員における選任の仕組みと、こうした屋上屋を重ねた中役員体制が分厚い壁となって志位指導部に対する辞任要求は届かず、いくら選挙で負けても党勢を減らしても責任を問われることのない無責任な独裁体制が築かれている。

なおピーク時の1980年の第15回党大会時（50万人の党員）の中央役員は、常任幹部会員18名、幹部会員48名、中央委員166名、准中17名であった。つまり党員数は半分区以下になりながら中央役員は166名から215名へと約1・3倍になっているのである。少なくとも実質的な会議ができる規模、財政的事情に見合う体制という点で幹部会員10数名、幹部会員を含む中央委員60~70名程度に簡素化する必要がある。

⑥ 常任幹部会員たちの特権的処遇

こうして、かつてに比べて党員は2分の1（実質は4分の1）に、赤旗は4分の1に減っている党勢力の下で中央役員体制だけが巨大に膨れ上がりっている。そして財政困難の下でも常任幹部会員は特権的な処遇を受けている。自民党より大きく立派な建物の中に個室を保障され国会議員の党員並みの1000万円を超える給与が支給されている。

そして市田副委員長らは自宅から党本部まで運転手付きの車で送迎されてきた。彼は豊洲において7000~8000万円（今では1億円以上する可能性がある）タワーマンションをローンも組まず京都の自宅も売らずに新たに購入して住んでいる。

不破哲三元議長は1000坪を超える敷地に自宅・図書館・趣味の土人形収蔵庫、さらに彼の面倒を見る運転手兼ボディーガード、コック、家の管理人の3名を中央から派遣されている。かれらには中央から給与が支給され独立した建物に住まわせてきた。そしてこれらの中央幹部のための保養所を何か所も用意してきた。

私はレーニンが晩年に住んでいた屋敷を見に行ったことがある。ロシア一の富豪の奥さんが所有していた大理石造りの白亜の殿堂を接収したものであった。不破氏もかつてそこを訪ねたことがある。彼はそこを見学し「党の最高責任者はそういう所に住むのが当然である」と考えたのかもしれない。まだ革命もやっていないにもかかわらずである。

ところで、国民民主党の代表である玉木雄一郎氏の不倫問題が週刊誌によって暴かれた。玉木氏は事実を認め謝罪し党の調査に応じた。当初は処分に付されなかった。共産党の田村委員長は、会見においてこのような問題をまともに対処できない国民民主を非難的に発言した。その後、国民民主は玉木氏を3か月間の権利停止にした。

国民民主を非難した共産党はどうなのか。衆議院議員で国対委員長であった穀田恵二氏は候補者カーのアナウンサーと不倫していた。この問題を取り上げた週刊誌の記者・編集長などを穀田氏は名誉棄損で訴えたが事実との認定の下、敗訴したが穀田氏は控訴せず自らの不倫を社会的に認めることになった。しかし共産党は赤旗紙上で穀田氏が「名誉棄損」で訴えたことは報じたが、敗訴したことは報じなかった。そしてなんの処分もしないままに今日に至っている。穀田氏の逢引の送迎をさせられていた秘書の早川幸男氏が、府委員長であった中井作太郎氏（現・党中央書記局次長）に「幹部がこのようなことをしては駄目です」と直訴したところ、秘書の任務を解任され京都乙訓地区の機関紙担当にされ、その後に除名された。今、共産党では全国でパワハラ・セクハラだけではなく、その追及や改善を求める党員に対して除籍が横行している（『増補版日本共産党の改革を求めて』あけび書房、を参照のこと）。

(4)松竹伸幸氏と私・鈴木元を除名、神谷貴之氏を除籍、大山奈々子氏にパワハラ

①不当な除名、再審査請求の却下、異論者を除籍、裁判に

こうした共産党の現状を改革せず、このまま続ければ共産党の一層の後退は避けられないとの危機感から、2023年1月、かつて中央委員会政策委員会で外交部長であった松竹伸幸氏は『シン・日本共産党宣言』（文春新書）を、私・鈴木元は『志位和夫委員長への手紙』（かもがわ出版）を出版した。それに対して志位指導部は「党内問題を党外の出版物でだしたので規律違反

である」などと言って2月6日に松竹氏、3月16日に私を問答無用に除名した。そもそも党首の「在任期間が長すぎる」とか「選挙に負ければ責任問われる」とかは、どの党であってもマスコミでも論じられるように、党内問題ではなく社会的政治問題である。職場で同僚から「貴方のところの委員長、選挙に負けても責任を取らないのはおかしいと思うが、どうなんですか」と言われたら「いや共産党はそういう責任の取り方はしない」と答えればOKだが、「私もそう思う」と答えれば「党の方針と違うことを党外で言った」ために処分の対象なるということがおかしいのである。

松竹氏は規約に基づいて2024年1月に開催された第29回党大会に対して再審査請求を行ったが却下された。そこで残された方策として中央委員会本部がある東京地裁に党籍回復の訴訟を起した。

福岡県委員会常任委員であった神谷貴之氏は県委員会総会において「松竹氏の除名は間違いである。党福岡県委員会の名において除名撤回を中央に求めるべきである」と提案したが否決された。それだけではなく神谷氏は「調査」と称して内田裕県委員長を先頭に何回も多人数で横暴な追及が行われ精神疾患に追いやられたあげく、2024年8月16日に除籍とともに党職員を解雇された。神谷氏の除籍・解雇は問題であると指摘し、さらに民青福岡県委員長のパワハラを追及し党福岡県委員会に抗議行動を行った同県民青幹部の砂川絢音氏（元県会議員候補）と羽田野美優氏も除籍された。

松竹・鈴木除名処分の理由の一つとして志位指導部は「松竹・鈴木は綱領に違反して安保と自衛隊の容認を主張している」と非難している。松竹氏と私・鈴木の間には安全保障問題の将来構想については微妙な違いはあるが、いずれにしても両名とも当面、野党連合政権を追求する限り安保と自衛隊は容認せざるを得ないと主張している。ところで志位委員長は参議院選挙直前の2022年5月8日の「朝日新聞」のインタビューに「わが党も入った連合政権では自衛隊は合憲となる」と答えている。そして『新・綱領教室』（56ページ）において「仮に日本に有事が起こった場合、（安保）条約第五条に即して（米軍が）行動することになる」と述べていた。松竹氏や鈴木を綱領違反と非難するなら志位氏自身を批判しなければならない。

党籍回復を求める訴訟を起こした松竹氏に対して、共産党は「除名処分は自立した共産党の内部問題であり司法が介入できない問題である」と袴田里見氏（共産党の元副委員長）敗訴の最高裁判決を取り出し「部分社会論」で乗り切ろうとしている。しかし袴田裁判からすでに30年以上たっており「部分社会論・内部自治論」で、何をしても良いとの論理は通用しなくなっている。

なお袴田裁判の判決においては、決定が①社会的に市民法的逸脱がある場合、②当該組織が定めている規律を逸脱している場合は、司法は関与できる旨を記している。①は「新日和見主義事件」当時、川上徹氏が軟禁されて査問されていたのに対して、同氏の父親が人権擁護委員会に訴え身柄を解放させた。例え内部規律による査問であっても社会的に認められない、身柄拘束し何日も査問することは許されないとした。この事件以降、共産党は査問を調査と言い換えた。

もう一つは除名などの処分がその組織自体が決めている規約・ルールに違反している場合、司法は介入できるとするもの。今回の松竹氏の処分は、支部で決めなければならないのに京都南地区常任委員会で決められたことや、処分を決める南地区常任委員会の会議に松竹氏を呼んで参加させ弁明の機会を与えなければならないのに弁明の機会を与えなかったなど、明らかに共産党自体が定めている規約を逸脱しており無効であると考えられる。

②党員の「出版の自由」を侵害

もう一つ大きな問題は、松竹氏や鈴木が出版したことを規律違反としたことである。

つまり出版の自由と党の規律をどう考えるかという問題である。共産党の論理は結社の自由を出版の自由の上におく考えである。党員であっても共産党の政策と異なる見解を持つ場合がある。私と松竹氏の出版が規律違反となるならば、党員は党の政策と異なる意見を党外の出版物で発表すれば処分の対象になることになってしまう。夫婦別姓・同性婚・安楽死などについては党員の間でも意見は分かれる。これらの問題について党員が党と異なる意見を本に書いたりすると処分の対象となるのは問題である。つまり共産党は結社の自由による規律は、出版の自由より上であるとする考えである。しかし憲法では「言論・出版・結社の自由」と規定され、結社の自由も言論・出版の自由と同列に扱われており、結社の自由を出版の自由の上におくのは無理があると考えられる。これでは学者やジャーナリストは自由な研究や報道などはできなくなり、かつてのソ連共産党や現在の中国共産党と同じである。

③「処分」ではない「除籍」で党から追放

そして神谷氏や砂川氏、羽田野氏に対する除籍である。処分は罰則であり規約において、本人からの事情調査、決定される会議に同席し弁明の機会が与えられることになっている。除籍は党員としての資格がないと機関側が判断すれば行われており、神谷氏は弁明の機会すら与えられず、一方通告で行われた。神谷氏は除籍・解雇の無効を求める裁判を起こした。なお党規約第十一条において「除籍にあたっては、本人と協議する」と記載されており、明かに規約を無視した除籍であった。

なお神谷氏は党福岡県委員会に雇用された勤務員・労働者であった。労働法上、一方的な解雇は認められない。裁判において共産党は規約違反の除籍、労働法違反の解雇を行った。これらは共産党の指導部は社会的ルール違反を顧みない時代遅れの古い体質を持っていることが裁判において明かになるだろう。

④党大会での大山奈々子氏へのパワハラ

先の第29回党大会において代議員として出席した神奈川県会議員の大山奈々子氏は大会において「出版より除名が問題」と発言した。これに対してあらかじめ山下副委員長は、県委員長とともに数時間にわたってそのような趣旨の発言を止めるように「指導」した。そして大会において大山氏の発言後、連続して3名の代議員が大山発言を否定する発言を行い。続いて山下副委員長が松竹氏の再審査請求を却下する発言を行った。

さらに大会討論の結語を述べた田村氏は、大山発言について「党員として資格が疑われる」などと発言し糾弾した。そして大会終了後、山下副委員長は再び大山氏をつかまえて大会における大山氏の発言について撤回を求める追及を行った。共産党の一連の言動は、誰が考えても深刻なパワハラ事件である。この人たちは指導部の行いに対して一言でも異論・批判を行うことは許されないと考えているようで、到底日本国民の多数の支持など得られない。

(5)民主集中制と分派禁止を放棄したイタリアとフランスの共産党

1991年にソ連が崩壊した時、日本共産党は「イタリア共産党やフランス共産党はソ連共産党にベッタリだったので、同じ名で活動できなくなり名前を変えた。日本共産党は自主独立の党としてソ連共産党の誤りと闘ってきたから名前を変える必要はない」と言明した。しかしこの見解は必ずしも正しくなかった。

イタリア共産党はソ連が崩壊する前からプロレタリア独裁・民主集中制そして分派禁止規定も放棄していた。フランス共産党も1994年までにはそれらを放棄している。両党の歴史では次のとおりである。

（イタリア共産党）
1976年、党大会で「プロレタリア独裁」の用語を放棄
1986年、規約において、決定される多数派の立場と異なる立場を公然たる形において保持し、主張する権利を明記する。
1988年、第18回党大会において民主集中制を放棄し分派規定を削除した。

（フランス共産党）

1976年、第22回党大会で「プロレタリア独裁」理論を放棄する。

1985年、第25回党大会より党外マスコミで批判的意見発表を規制しなくなる。

1991年のソ連の崩壊後、ソ連の失敗はマルクス主義の失敗であったとして、マルクス主義の立場を取らないことを宣言した。

1994年、民主集中制を放棄。


なおソ連の崩壊後、イタリア共産党は党名を変えたが、フランス共産党は名前を変えず今に至るもフランス共産党を名乗っている。イタリア共産党は政界再編成もあり何回も名前を変えて来ているが、現在はイタリア民主党を名乗り、上院37議席（総議席２０５名中18％）、下院69議席（総

議席400中17%）である。フランス共産党は上院14議（総議席348人中4%）、下院8議席（総議席577人中1・7%）である。両党ともに日本共産党より社会的に存在感のある党として活動している。

⑹民主集中制と分派

共産党は党規約第三条において、「（四）党内に派閥・分派はつくらない」と書いているが、先に記したように、分派とは何かについての規定がなく指導部が分派と言えば分派となり除名の口実に使われてきた。

共産党は「結束した党でなければ革命の成就はない。だから分派は容認できないと」と説いてきた。民主集中制の組織論はレーニンが指導していたコミンテルン（世界共産党）から導入されたものである。この民主集中制の組織論が定まったのは1903年のロシア共産党第2回党大会であるが、その時には分派についての記述はなかった。レーニンは「批判の自由と行動の統一」と言い、各種グループの存在を認め党内外で自由な討論が行われていた。分派禁止規定が定められるのは1921年の第10回党大会である。つまり1917年のロシア革命の時点ではレーニンが率いるポリシェヴィキ、マルトフが引きいるメンシェヴィキ、トロツキー派など様々なグループが存在し論争を繰り返しながら革命を遂行したのである。分派を禁止して党が結束していたから革命が成就したと言うのは歴史的事実と違うし、自由な討論が全党のエネルギーを引き出していたのである。

それでは革命後4年も経った1921年の第10回党大会で、なぜ分派禁止が行われ、どうなったのか。「分派禁止」はもともとの大会の議案にはなかった。レーニンが緊急動議として提出したものであった。レーニンは「反革命の内乱に打ち勝つためには党は結束しなければならず、様々な潮流の自由な言論は認められない」と提案した。内戦中であったこと、「革命の父」であったレーニンが緊急提起したこともあって大会代議員は賛成した。その後もトロツキーやブハーリンよって革命建設を巡って様々な意見が党内外で出されていた。

ところが次第にボリシェヴィキ以外の潮流のメンバーは「分派だ」との断定の下に、党から放逐されていった。その分派との断定は反革命内乱者を摘発する組織であったチェーカー（秘密警察・全員がボリシェヴィキ）によってなされた。その直後の1924年1月にレーニンが亡くなった。レーニンの後を継いだスターリンは、この分派規定と秘密警察を使ってトロツキーやブハーリンなどレーニンと共に革命で大きな役割を果たした人々を追放した。こうしてレーニン・スターリン派が党を独占した。つまり分派規定はレーニンが自分たちと違う思想・政策を持っている党員を党内から追放するために導入したものであり、したがって分派の要件など定めなかった。

だから分派規定は民主集中制の要であり志位指導部たちが党の指導権を握り続けられる鍵なのである。分派規定の廃止を抜きに共産党が民主的組織として発展することはない。なお共産党はレーニン時代は民主的党運営でスターリンが、抑圧体制をつくったとしているが、分派規定、秘密警察、強制収容所をつくったのも全てレーニンであり「レーニンの忠実な弟子」と自称していたスターリンによって、それらがより大規模に活用されたのである。

(7)宮本・不破・志位氏らによる間違った社会主義論

①宮本顕治氏

「ソ連や中国は遅れた国から社会主義になった生成期の社会主義」と言ってきたが、1991年にソ連が崩壊した時、「あれは社会主義でもなんでもなかった、崩壊万歳」と主張した。

②不破哲三氏

「それでは社会主義の展望は」との疑問に対して改革（資本企業の容認）・解放（外資の導入）を進めている「中国・ベトナム・キューバが社会主義に向かっている国々」と主張していたが、中国の覇権主義的行動を理由に「中国はもはや社会主義国と言えない」「社会主義は先進国からが大道」「社会主義、共産主義は、一本であり二段階論革命論は間違い」と言い出した。

③志位和夫氏

「共産主義＝自由」論、「自由な時間論こそ共産主義の核心」と主張し、2024年総選挙において「太い柱として押しだす」として、選挙の街頭演説においても「共産主義＝自由」の長い演説を行った。つまり共産主義を選ぶことを訴える選挙を行ったのである。

⑻国民の要求運動・要求組織の軽視

先進国での闘争は、①イデオロギー・政策論争、②国民の要求実現を求める運動と要求の実現を求める組織の拡充、③国政・自治体のあり方をめぐる闘いと選挙闘争、④党建設、⑤人類的課題の解決を求める国際連帯の運動、など多面的である。しかし70年代になり、共産党は「人民的議会主義」を唱えることによって限りなく選挙と党勢拡大に傾斜し、国民の要求を実現する闘いと、それを進める国民の運動組織の拡充を軽視してきた。

⑼異なる意見を排撃し運動の分裂を合理化

多様な意見の存在を認めたうえで一致点での運動を統一するために粘り強い努力を発揮するのではなく、異なる意見を排撃し運動の分裂の克服を怠ってきた。

外国人を含めて1億2000万人を超える人口を抱える日本において、個々の分野の政策において意見の一致などあり得ない。多様な意見・主張を前提に各種の国民運動の統一を進めなければならないが、原水禁運動・労働運動などにおいて、自らの意見の正しさを主張し異なる意見に敵対するように批判し各種国民運動の分裂を合理化してきた。

3　選挙での後退・敗北を認めず党勢拡大の繰り返しで疲弊

これまで述べてきた共産党独自の問題が克服されないまま、選挙での後退・敗北を認めず「政策は正しかった、政策が浸透したところでは前進したが、力が足らず生かせなかった。次期選挙までに130％の党建設を」の繰り返しで全党の士気を奪い疲弊させてきた。その深刻な状況を最近の党幹部の発言をもとに指摘していく。

(1)沖縄県議選、東京都知事選・都議補選の総括なし

①党創立102周年記念講演で選挙総括はなかった

2024年7月13日、党創立102周年記念講演が開催され田村智子委員長が記念講演を行った。1月に開催された第29党大会後最初の党創立記念集会であり、それまでの3つの政治戦である沖縄県会議員選挙、東京都知事・都議会議員補欠選挙、それが総選挙へと続くが、肝心の選挙総括が示されなかった。

沖縄は安保問題・米軍基地問題の焦点の県である。この県において革新統一のかなめの役割を果たしてきた共産党県議員団が7名から4名へと3名（4割）が落選する大敗北を喫した。なぜそうなったのかの総括を抜きに、次への新たな前進の方策は出てこない。

都知事選挙で、共産党は「小池知事対蓮舫氏の対決」と言い、蓮舫氏の立候補にあたって小池晃書記局長は「最強・最良の候補」と言って、いち早くその必勝のために全力を尽くすと述べた。

結果が出た時のテレビを見ていると、蓮舫候補は涙を流しまともに語れなかった。横にいた小池書記局長・山添拓政策委員長はうなだれ、茫然自失状態であった。つまり、彼らは蓮舫氏は小池知事と良い勝負をしていると思っていて、まさか石丸氏にまで敗れるという事態に言葉もなかったと推察される。

② 選挙結果の政治的意味

ところで、この選挙結果は政治的にどういう意味を持つのだろうか。

自民党は金権腐敗で国民の支持を失い、都知事選挙で独自候補を立てることができず、小池知事の軍門に下った。そして都議選では8名の立候補者中6人が落選し、2名しか当選しなかった。時事通信が7月5日と6日に行った世論調査で、内閣支持率はついに15・5%まで下がり、総裁選挙に向けて前首相の菅義偉氏が公然と岸田首相の退陣に言及した。

維新の会は政権政党である自民党にすり寄り、2名を立候補させたが、当選者はゼロであった。そして朝日新聞が連載したように、内部で自民党へのすり寄りをめぐって路線対立が表面化した。

立憲民主党では、都知事選挙結果をめぐってかねてからの持論である「共産党との共闘が間違いであった。非自民・非共産を明確にするべきである」と言い出し、代表選挙・衆議院選挙をめぐって公然とした議論になり始めた。

共産党を含めた野党共闘は当然のことであり、それを抜きにして知事等の首長選挙や小選挙区制の下での国政選挙において政権交代を争うことなどあり得ない。問題は、その選挙のやり方であった。私が警告に止めておくべきとした、共産党・立憲民主が前面に出た党派型選挙にしてしまい無党派層の多くを石丸氏に持って行かれたことである。このことをきちんと総括しなければならない。ただ石丸氏がこのままスムーズに政界での位置を固めて行けるかどうかは分からない。今後の彼の言動を注視したい。

ところが7月10日に記者会見した志位議長は「大健闘。次につながる」と表明。これは国民や共に闘った立憲民主、そして大多数の共産党の党員・支持者の気分と異なる評価である。そして田村委員長は記念講演で現下の情勢を「チャンスである」と述べ党勢拡大の成功に向けてハッパをかけた。

「現在はチャンス」との情勢認識なのである。講演ではその例として自民党の惨状、様々な政治課題での反国民性をあげている。情勢判断は彼我を見なければならない。闘う相手の状態だけではなく味方の陣営の状況を含めて総合的に判断するものである。田村氏を含めて志位議長、小池書記局長などによる情勢報告は、相手側の欠陥だけを見た情勢論でチャンス論を述べる根本的な誤りを犯している。党大会からすでに半年が経っているのに党大会決定読了者は3割のまま、党員の4割は赤旗を講読していないままである。こうした解党的状況では、いかに自民党が支持を減らしても共産党への支持は広げられない。23年間委員長を務め、ここまで共産党をつぶした志位氏の責任は逃れられない。

自民党の萩生田光一都連会長は、選挙結果（8名立候補して2名しか当選しなかった）の責任を取って辞任した。それと対照的に小池書記局長は定例記者会見において、記者から「共産党は4名出して全員落選したが誰も責任を取らないのか」と質問され「共産党は挑戦者であった、落選したからといって責任問題など生じない」と語った。本当に責任を取らなくて良い問題なのか。私は京都に住んでいるので都議会の状況を知らなかったので調べてみた。

都議補選に立候補した4名のうち3名はベテランの現職で区会議員団の幹事長を務めるような人々であった。つまり都議会議員に当選するチャンスだと考え、現職の区議会幹事長を辞めさせて立候補させたのである。後の1人は2期目の現職であった。いずれにしても共産党は4名の有力議員を失ったのである。挑戦者云々で責任はないなどと言える問題ではない。

中井作太郎選対局長・書記局次長をはじめとする選対局や書記局はどのように情勢を見ていたのか。その責任は免れない。7月12日、山添政策委員長の記者会見が行われた。山添氏は冒頭、自衛隊の腐敗問題を取り上げた。当然のことである。続いて記者たちから沖縄県議選、東京都知事選・都議補選について聞かれたが答えられなかった。見た限り、そうした質問が出ることを想定した用意さえしていない、しどろもどろの答えかたであった。明くる13日の赤旗には自衛隊問題で追及の発言をしたことだけが報道され、沖縄県議選や東京都知事選挙や都議補選については一言も触れられなかった。田村委員長が「チャンス」論を説いたり、志位議長が「次につなぐ大きな前進」などと説き、共産党は政党としての現実的判断ができない組織であることを改めて示した。

③都知事選・都議選の最中に幹部は何をしていたのか

田村委員長、小池書記局長、東京選出の山添・吉良参議院議員は蓮舫候補に張り付いて街頭演説を行っていた。彼らは街頭演説の雰囲気だけて蓮舫氏が大活躍していると錯覚したのか選挙結果に打ちのめされる様子であった。街頭宣伝だけではなく、その組織戦はどうなっていたのかについての発言は一言も論じられなかった。

私は京都市長選挙で木村万平さんと井上吉郎さんの選挙活動を担当した。木村さんは321票差（投票所は小学校で約300校あったので1校あたりに換算するとわずか1票差）、井上さんは4092票差（得票率で0・9％差）で敗れ自分の非力さ痛感させられた。いずれも小学校区単位で選挙組織をつくり、宣伝だけではなく支持拡大、棄権防止活動をすすめ学区単位で彼我の状況をつかめていた。木村さんの選挙の時、投票日は雨だった。わが方は電話で棄権防止活動を行っていた。相手側は陣営の土建業者の車で棄権防止活動を行っていた。私は投票箱の蓋が閉まったとき、力関係は五分五分だが最後の棄権防止活動での僅差で敗れたと思った。田村・小池・山添・吉良氏そして立憲の指導部たちも現場の組織戦に関わっておらず、実際の情勢判断はできていなかったと推察する。きちんとした組織戦を行っていて状況をつかんでいたら「追い上げ大接戦」などとの情勢判断にはならなかった。市民連合として立憲民主・共産党も入った統一的な選挙指導部もなかったのが実態であろう。このような選挙を行って惨敗した共産党・立憲民主の指導部の責任は重い。

穀田恵二国対委員長は京都市中京区の市議会議員補欠選挙にかまけて首都東京の選挙にまったく顔を出さなかった。彼は「倉林明子参議院議員は中京区市会議員補欠選挙で当選した」。こうした話を持ち出すことによって、当選が自明であるかのような訴えをしていた。渡辺和俊京都府委員長の必勝を訴える談話もそうだった。しかし1年前の地方選で中京区では共産党の平井良人氏が1位当選していたのにもかかわらず、今回は自民・維新に破れ3位になった。松竹・鈴木の除名処分問題が大きく響いたことは明確である。

志位議長はまったく姿が見えなかった。都知事選挙の最中に全国教育部長会議を開催し「共産主義＝自由時間論」についての講演。7月10日の新刊発売記者会見の準備に追われていたのであろう。投票日前日の6日になってようやく現れ、蓮舫氏の応援演説を行った。党首としては失格である。

ところで、党内組織の責任者のようにふるまっている市田忠義副委員長はどうだろうか。議員でもないため、どこからも呼ばれずまったく姿を見せなかった。ようやく最終日の6日に志位・蓮舫演説の際に傍聴者として参加しただけである。志位氏の演説を「さすが論理的で力づよく感動した」と述べるとともに、蓮舫氏に対して「はじめて演説を聞いたが、暮らしに密着した内容、歯切れよく無駄なフレーズが一切ない」とほめちぎっている。問題は最終日になって「はじめて聞いた…」と述べていることである。

それでは市田氏は選挙中何をしていたのか。7月3日の彼のフェイスブックを見た。なんと紀伊國屋サザンシアターで行われている文学座公演の「オセロ」を観劇に行っていた。そしてその日のフェイスブックに演劇の「できばえ」について、いかにもシェイクスピア演劇に通じている文化人のように記している。演劇鑑賞をするのはいいし、その感想をフェイスブックに投稿するのもいい。問題は日本の政局に大きな影響がある東京都知事選挙・都議補選の最中に、共産党の副委員長たる人が観劇に出かけ、それを広く社会的に開かれているフェイスブックに書きこむようなことはすべきではない。議員でないのだから演説会弁士として出番がなくても、中央や自宅で支持拡大の電話かけをすれば良かったのである。多くの人が批判の書き込みを行ったが、消さなかった。お粗末というしかない。このような人物を副委員長に担ぐようでは、共産党の幹部の水準がどの程度のものであるか自己暴露しているにほかならない。

田村委員長は記念講演の後半で「共産主義＝自由時間論」を説いた。内容はこの間の志位講演の受け売りだから、改めてふれない。ただ一言皮肉を言っておく。田村氏は「共産主義＝自由時間論」を説くにあたって『資本論草稿集』（絶版　9冊）を持ち出した。志位氏がこの内容を説き始めたのは1か月前の民青主催のセミナーが初めてである。資本論三部をまともに読んでいるかさえ怪しげであるが、ましてや国会開催中であった田村氏が『資本論草稿集』9冊をわずか1か月余りで読み理解したとは思われない。こんな馬鹿げたことは止めるべきである。

④ 自民党政治を終わらすために求められたこと

記念講演後の記者会見において、田村委員長は毎回、総選挙に向けて野党共闘の協議進捗について質問されているが、具体的な回答を避けている。

「自民党政治を終わらせよう」と言うなら、2つのことが考えられるべきである。①国会前などで自公政権の打倒を呼びかけるデモや集会を呼びかけるべきであるが、行われていない。②野党共闘を呼びかけるのか、それとも共闘を求めず今は独自的取り組みを徹底するというのかという基本方針を明確にすべきである。

野党共闘を追求するなら、他の野党と違っている基本政策である安保破棄・自衛隊解散の政策を改める以外に道はない。このことを避けて政権交代を目指す共闘はあり得ない。しかし共産党は「松竹・鈴木は綱領を踏みはずし安保・自衛隊容認を言った」（これは捻じ曲げである）ことを理由に除名したのであるから、政権交代のための野党共闘の道を進むのであれば、松竹・鈴木に謝罪し除名を取り消さなければならない。しかし一度決めた除名の方針を撤回できない共産党はそうはしないだろう。共産党は完全にジレンマに陥っている。

神奈川県の大山問題、福岡の神谷問題そして党外の人物であるが中北浩爾氏（中央大学法学部教授）への批判問題、いずれも松竹・鈴木除名に異議を申し出たことによって起こった問題であり、松竹・鈴木問題を解決しない限り、共産党はこのジレンマから免れず泥沼にはまっていくしかない。しかし志位議長等の現指導部はこの問題を解決する意思も能力も気力もない。

⑤相変わらずの党勢拡大の一本槍

ところで志位指導部は相も変わらず党勢拡大一本槍の党活動を進めている。にもかかわらず1月の党大会後毎月減紙を続けてきた。党創立の月である7月はわずかであるがなんとか増紙した（日刊紙467部、日曜版467部。県単位にすれば日曜版、日刊紙ともに1県10部ほどである）。第28回党大会現勢を回復するという当面の目標どころか。1月の第29回党大会に比べても日刊紙で4262部、日曜版で2万5528部減紙しているのであるから、7月程度のわずかな増紙では、1年かかっても29回党大会現勢すら回復できなかった。

そこで8月3日に全国都道府県委員長会議を開催し、報告を行った小池書記局長は「党の命運がかかった8・9月、目標水準へ活動の飛躍を」と訴え「〝目標水準〟には7月の3倍から4倍の活動が必要」と提起した。2022年8月から12月の大運動以来繰り返されてきた月目標達成のための取り組みは党を疲弊させているのに、さらにその何倍もの拡大運動を行えというのだから党破壊行動以外の何物でもなかった。志位指導部の追放しかないところまでに来ている。

結局、共産党の新生は、実情に合った方針を追求し、党内民主主義を求める地方幹部ならびに地方議員の若手・中堅が、志位指導部に対して辞任を求め多数派になるしかなさそうである。私は年齢的にいってその呼びかけの中心に座るのは無責任となるから行わないが、その運動が進むように論評活動は続ける決意をしている。

(2) 抜本的な再生に取り組まず自滅への道を進む

① 選挙結果を具体的に分析する力もなくなったのか

10月27日衆議院選挙の投開票が行われ28日にその結果が出た。政権与党の自公は87議席を減らし過半数割れを起こすとともに、得票も自公合わせて比例で650万票減らした。立憲は様々な組み合わせで議席こそ37増やしたが得票ではわずか6万票しか増やしていない。それではどこに行ったのか、国民が357万票、れいわが159万票増やした。参政党が新たに187万票、保守党が新たに114万票を獲得した。維新（マイナス296万票）ならびに共産党（マスナス80万票）は受け皿にならなかっただけではなく減らした。

したがって自公減の受け皿の中心に616万票獲得した国民が9から28名になるとともに、多少「左気味」のれいわが380万を票獲得し議席を3から9へと前進させ政界での位置を高めた。共産党はわずか5年前に創立されたれいわに議席も得票も負けた。つまり衆議院において自民・立憲・国民・維新・公明・れいわの次の7番目の、わずか8名しかいない政党に落ちぶれたのである。

れいわに相対して新しく登場した右派政党の参政党と保守党がそれぞれ議席を3確保し得票は合わせて300万票獲得した。ヨーロッパではないが今後この右派的潮流の動向に注意する必要がある。

②金権腐敗追及・自公政権打倒の一点共闘を拒否

先の総選挙において立憲は政権交代を掲げ、金権腐敗政治の一掃、金権候補43名に対して候補者統一によって落選させるための一点共闘を共産党に申し入れたが共産党は「金権だけの共闘では駄目」と拒否した。選挙結果は自公政権の自民党・公明党が過半数を割り政局は2025年参議院選挙・都議選に向けて流動化に入った。自民党は無所属の取り込みと合わせて国民そして維新などの協力を求めるだろう。一方、立憲は野党協力によって多数を獲得するために動くだろう。共産党はこの流動化の下でどのような政権構想を提起するのか一切書かれていない。政党としては失格である。

③ピントはずれの言動を繰り返してきた志位議長

今度の総選挙に向かって志位氏はピントはずれの言動を繰り返してきた。

２０２４年1月4日の「赤旗」で、年末にでかけた欧州訪問報告を4ページにわたって掲載した。そこでは政局について触れてないどころか、ガザやウクライナについても触れず、チェコのある都市で共産党の議席が増えたことを「中欧でも共産主義の躍進」と評価した。続いて第29回党大会において「共産主義は先進国が大道」と位置づけ。さらにこれを踏まえ都知事選挙の最中に全党に対して「共産主義＝自由」「共産主義＝自由時間論」なる講演を行い全党に学習を呼びかけた。２００年、３００年先の共産主義についての願望的作文は現実の日本における厳しい政治闘争からの逃避である。それらを本としてまとめ『Q＆A　共産主義と自由』いう書名で発売した。それどころか衆議院選挙の最中、京都をはじめとする街頭演説でこの本を片手に持って宣伝し講読を訴えた。こんな馬鹿げた言動を行う人を党首として担いで選挙での前進などありえない。

④ 小選挙区の乱立は失敗、供託金没収で財政破綻

野党共闘を拒否した共産党は比例での前進のためにと称し、可能な限り小選挙区で候補者を擁立するとして前回（１０５名）に倍する２１３名もの候補者を小選挙区で擁立した。私は「小選挙区で多数の候補者を擁立したからといって比例区で得票が増えるとは限らない。それどころ小選挙区の候補者を擁立しようとしたら、その実務準備に少ない専従者が手がとられ、比例のために全党運動を組織することに困難が生まれ後退する危険がある」と指摘した（実際、80万票が減った）。あわせて小選

挙区の候補者の供託金（1人あたり300万円）の負担が地方党組織に強いられ地方党組織は財政破綻に追い込まれるだろうと注意喚起したが、志位指導部は強行した。300万円×213人として6億3900万円を用意しなければならなかった。借金して集めたようであり、返さなければならない。

ところが総務省の29日の発表みると、213人の3分の2に当たる143人の得票が有効得票の1割に達せず供託金没収の対象になることが判明した。その金額なんと4億2900万円である。3年前の3倍である。

ただでさえ財政困難に陥っている共産党は、これをどうするのか。専従者の年末一時金カンパとして集めたものを、この借金返済に充てなければならない党組織が生まれるだろう。ただでさえ給与の遅配・欠配にあえぐ地方党組織の専従者には、彼らを支える教員や看護師などの妻も多い。苦労しながらも数百万円程度の蓄えを持っておられる人もいるだろう。党専従者の夫が妻に頭をさげ供託金のために工面してもらった人もいるだろう。この300万円が返ってこないどころか、本来もらえる年末一時金ももらえないという事態が全国で起こるだろう。間違った方針の犠牲者はいつも下部の人たちである。

⑤消えた「反共攻撃」「130％目標」「特別期間」の言葉

総選挙投開票の翌日に出された共産党の常任幹部会声明（以下、声明）では、過去の声明にはあった文言で、なくなったものがある。

それは、①厳しい「反共攻撃」で党の躍進が止められたという言葉である。今回の選挙の投票日直前においても市田副委員長などは「階級闘争の弁証法」という言葉を持ち出し、共産党の躍進を前にして反動勢力は反共攻撃を強め党の躍進を抑えようとする」などと語っていた。共産党が躍進したのは1980年代までのことであり、それ以降はずっと後退し続けてきた。衆議院議員は41名から8名に、「赤旗」読者は385万から85万に、いずれもこの40年間で4分の1に減ってきて、反共攻撃などの必要もなくなり、もう10年以上そのようなことは起こっていない。私は、後退は共産党の自壊作用でありそれを正さなければならないと書いてきた。今回の声明では「反共攻撃」という文言が消えた。
②この「共産党攻撃を打ち破り党を前進させるため」として「前回比130％の党勢拡大月間」を繰り返すことによって党を極端に疲弊させてきた。今回の声明では参議院選挙・都会議員選挙のために「強く大きな党づくり」という言葉はあるが「130％」という文言も「党勢拡大のための月間」という言葉も消えた。もはや党勢拡大の月間方式は破綻したのである。

(3)敗北の責任を明確にしない志位指導部

選挙が終わり、敗北・後退した他の党では責任問題が浮上している。

自民党はいまのところ石破茂総裁の続投を確認しているが、小泉進次郎選対委員長は「これだけ敗北し誰も責任を取らないわけには行かない」と石破総裁に辞任を申し入れ認められた。

公明党の石井啓一代表は、公明党の後退と自分の落選のけじめをつけるため辞意を表明し認められ、斎藤鉄夫氏に交代した。維新の吉村洋文共同代表は総選挙での後退という事態を前にして党首選挙を行うべきであると表明し、それが行われた結果、馬場伸幸代表が降り、吉村氏が代表に就任した。

後退した共産党はどうするのか。2021年総選挙で敗れた時、立憲代表の枝野幸男氏は「敗北責任は明確にしなければならない」として辞任し、党首選挙が行われ泉健太氏が当選した。それに対して共産党の志位氏は「方針は間違っていなかったのに、負けたからと言って辞める必要はない」と語り辞任しなかった。今回はどうするのか。「声明」では「責任を痛感しています」とか「お詫び申し上げます」という言葉はあるが「責任を取る」という明確な言葉はない。

ところで先の党大会で23年間、幹部会委員長を務めてきた志位氏は降り、田村智子氏が委員長に就任した。ところが第1回中央委員会総会において、「田村氏は国会において党を代表し」「党活動全般については志位議長が代表する」と確認されている。共産党の党首は志位和夫議長なのである。長年選挙で後退し続けた上に今回の敗北である。責任を取らなければならないが取りそうにない。敗北を続けた日本軍の指導部が責任をとらなかったのと同じ無責任体制が党内において道義的退廃を生み、党内とりわけ上下関係がある専従者の世界でパワハラ・セクハラが横行する事態となっている。

２０２３年、党改革を述べた松竹氏・鈴木に対する問答無用の除名が行われ、国民から大きな批判を浴びたが、反省し撤回するのではなく、それに疑問や批判を行う党員を次々と排除してきた。これが党内の士気を下げ結集力を弱めてきた。今回の選挙では３００万人の後援会員への選挙協力の訴えの届けが13％の会員にしか届かないという事態となり、「声明」でも、前回選挙と比較しても半分の行動力になったと書いている。明らかに自壊が進んでいるのである。もう自滅寸前である。

松竹氏と私が提唱しているように、党首公選制の実施などの党の再生を目指す改革を行わない限り、共産党は自滅する危険にさらされている。しかし改革は行わないだろう。結局のところ志位指導部の人々は、党首公選制の導入によって他党と同様に失敗すれば落とされる民主主義がいやで、自分たちの特権を維持したいだけなのである。しかし、これらの人々の私利私欲のために党が自滅することは歴史的悲劇であるが、ソ連共産党を含めて、これまで崩壊した共産党は全てそうであった。

(4)総選挙後の全国道府県委員長会議で本質問題に触れない無責任な報告

①　田村委員長の全国道府県委員長会議での報告

２０２４年11月15日午前10時から共産党は全国都道府県委員長会議を開催し、田村委員長が報告しユーチューブで配信したので、私はこれを見た。

共産党は先の衆議院選挙において比例の得票で80万票減らし比例東京ブロックと東北ブロックで議席を減らして10議席から8議席となり得票でも議席でも、れいわ新選組にも敗れ、議席数で7番目となり、私がかねてから言っていた「国政レベルで取るに足らない政党」になってしまった。この選挙総括をきちんとしなければ立ち直りは不可能である。私はすでにフェイスブックなどで共産党の後退について述べていたように、政治の風の下で時々の増減はあるにせよ1980年以降減り続け、衆議院の議席は41から8に赤旗読者は380万部から85万部にと、4分の1に減ってきた。この原因は党首公選制など、あたりまえのことさえ導入しない共産党の路線の根本的誤りにある。

②戦略的誤りについて一言もなし

この現状に対して党首公選制などの改革を提起した松竹氏や私・鈴木元を問答無用に除名したことが、国民から厳しい批判を受け一地方選挙で県会議員・政令指定都市議員の2割を失い、現職135名の議員を落選させるという敗北を招いた。それに対して何の総括も是正もしないで、2024年の総選挙に臨んだ。

そうしたことを前提に今回の選挙の独自の誤りとして3点指摘しておきたい。①総選挙を前に立憲民主から金権腐敗の自民党の44名を落選させるために候補者統一を呼びかけられたが「金権だけでは」と、これを拒否した。②比例の得票を増やすためにとして、可能な限り小選挙区の候補者を出馬させたことにより143名の候補が供託金没収で4億2900万円を失い、地方党組織の財政困難に拍車をかけた。③生活苦と格差に苦しんでいる人々の前で的はずれの「共産主義=自由論」を太く押し出した。

田村報告はこれらの誤りについて一言も触れず、とりわけ①③については、ごまかしのための屁理屈は述べられても、②の4億2900万円の供託金没収は地方党組織が立ち上がれない最大の理由であり、解決策もなく議論できないと推察される。一方、中央委員会の建物の改修のための5億円募金は3億5000万円が集まったが、総選挙もあり、あと1億5000万円足りず集めなければならないと、赤旗で募集のための疑問に答える記事が掲載された。4億2900万円の供託金没収にあえぐ地方党組織がどう苦悩しているかなど、どこ吹く風の訴えである。選挙が終わった10月、赤旗は大量に減紙した。そして11月、12月も大量減紙した。かねてから赤旗発行の赤字が訴えられていた。どうするのか。いずれも田村報告にはない。肝心なことが報告されなかつた。

もう一つの大きな問題は参議院選挙に向けて「『SNS作戦』が遅れるなど中央のイニシアチブに弱点があったので参議院選挙・都議会議員選挙を前に一刻も早い改善が臨まれる」、また「折角のチャンスを生かせなかった党勢の後退を打開しなければならない」と訴えた。しかし先の3つの誤りについても、そして敗北を期した責任についてもまったく触れなかった。

(5)総選挙総括がないままに都道府県委員長会議を招集した不可解さ

ところで、今回の都道府県委員長会議は誰が招集したのか。通常であれば衆議院選挙総括と参議院選挙方針を第4回中央委員会総会で決定し、それを徹底するために都道府県委員長会議を開催する。しかし第4回中央委員会総会は開催されないままで、選挙直後の常任幹部会声明の域を出ないままの会議招集であった。

常任幹部会声明の最後には全党・支持者の方々の意見を取り入れ総括すると記載されていたが、それどころか中央委員会総会さえ開催しないままの会議であった。これでは全党が団結して参議院選挙・都議選挙に当たるなど不可能である。なぜ中央委員会総会を開催しないのか、先に私が書いた誰の目にも明らかな3つの誤りについて、志位指導部の責任問題も議論できないからである。

また、他党との関係をどうするのか。すでに立憲民主党の野田代表は地方区の1人区について共闘を呼びかけている。あれほど市民と野党の共闘を主張していた共産党は先の衆議院選挙では拒否したが、参議院選挙にあたっての1人区での候補者調整についてどうするのか何も語られていない。

今回のユーチューブ放映を見ていて、一つの異常に気が付いた。田村氏は報告原稿を読みながら報告していたが、途中で次の原稿が分からなくって探し回ったが見つからず立往生していた。

見るに見かねて小池書局局長が自分の分の原稿の束を持ってきて田村氏に渡した。明らかにこの間の疲労・ストレスによるものだと推察できる。少し休憩させてあげてはどうか。かつて志位氏が委員長に就任した時、常任幹部会の議長をしていた志位氏がまとめをした後、不破氏が「僕は違うが」と志位氏のまとめを否定した。そのストレスで志位氏は精神的困難の陥り入院休養した。常任幹部会での田村氏のまとめに対して、同じことを志位氏が行っている可能性がある。この県委員長会議での報告を終えて田村氏が席に戻ろうとして志位氏の後ろを通ったとき、志位氏は田村氏を叱責する声が聞こえた。

ところで松竹氏の除名取り消し要求裁判に続いて、松竹氏の除名に異議を唱えた福岡県党元常任委員の神谷氏が8月に除籍・解雇されたのに対して、神谷氏が除籍・解雇の取り消しを求める訴訟を11月12日に起した。そして11月14日に開催された松竹氏の第3回裁判の後の記者会見において、松竹氏は除名取り消し裁判に付け加えて、市田忠義副委員長を名誉棄損で訴えたことが明かにされた。これは地元の京都新聞でも報道された。

内容は2023年2月に京都の長岡京市で行われた演説会において市田忠義氏が語ったことである。①松竹氏が日本記者クラブで記者会見を行ったが、共産党バッシングを大いにやれという勢力と結託している、②文春と松竹氏は党内をかく乱するために本の値段を安くした、などの主張をしている。この松竹氏の裁判には名誉棄損裁判の第一人者である佃克彦弁護士が担当することになった。市田氏はどう対応するのか。

なお市田氏は私に対しても「鈴木は私がタワーマンションに住んでいるなどと言っているが、私はタワーマンションとタワーマンションの間の小さなマンションに住んでいます」など私を嘘つき呼ばわりした。また「鈴木はあの産経新聞の取材を受けています」と「暗に自民党以下」発言している。市田副委員長の松竹氏や私・鈴木へのこれらの発言は、共産党に対して改革や意見を述べる人を権力の謀略の手先のように描く作り話を述べてはばからない人であることが明かになった。裁判の行方に注目する必要がある。

3　党勢と選挙

党勢と選挙の得票・議席は長い目で見れば比例するが、個別具体的選挙については関係がない。その時の政候補者の組み合わせ、我が方の候補者の実績・浸透度が大きく作用し、党勢が増えていても得票・議席が増えない場合もある。逆に党勢が減っていても得票・議席が増えることがある。したがって、選挙が近づけば選挙を第一にして臨まなければならないのであって、志位氏が説くような拡大を第一にするような方針は間違っている。私はこのように、かねてから提起してきた。

しかし近年の選挙の様相を見ていると、さらに検討を深めなければならないと考えている。直近の2024年の衆議院選挙で共産党はわずか5年前に結党された「れいわ新選組」に得票でも議席でも負けた。また国民民主党は改選前までは共産党10に対して9であったが選挙後28名と3倍化した。れいわにしろ国民にしろ、前回総選挙に比べて党勢力が何倍にもなったわけではない。SNSという宣伝媒体を上手く使ったこともあるが、正しかどうかは別にして、国民の琴線に触れる訴えが行われ、それが国民の心を捉えたのである。つまり選挙の帰趨はその党の組織の大きさではなく、国民の心をとらえる政策・訴えが決定的であることを示している。

統一地方選挙の前に乱暴に松竹・鈴木を除名し国民やマスコミから批判を招き都道府県議員と政令指定都市議員の2割りを失ったり、選挙の訴えの「太い柱」として「共産主義=自由論」などを説いていて支持拡大を広げることなどできなかったどころか減らした。国民世論から逸脱するような政策・主張をしていれば、どんなに大きな組織を持っていても駄目だということが改めて明らかになったのである。それは自民党の金権腐敗についても同じである。

こうして共産党は後退に後退を重ね、ついに2024年衆議院選挙において5年前にできたばかりの、れいわ新選組にも得票でも議席でも後塵を拝し第7党になってしまった。全国各地で地方議員をはじめとして離党・未活動が進み党中央自体が認めるように「党籍があるとされている党員」の間でも半分近い党員が赤旗を講読せず、党費を納めず、会議に出席せず、行動参加率はさらにその半分ぐらいという解党的状況にある。それを立て直すとの意気込みで世界観的確信を持ってもらうために志位和夫議長による「共産主義＝自由」の学習キャンペーンが繰り広げられているが「笛吹けど踊らず」「馬の耳に念仏」でまともに聞いたり読んだりする者も少ない（2025年1月1日午前0時から配信された志位氏の新春インタビューのユーチューブにアクセスした人は最高時で343人であった）。しかし志位氏が言っていることが、まともではないことは批判しておかないと駄目だと判断し、第2部として志位和夫氏による「共産主義＝自由論」批判にあてた。

第２部
志位和夫氏の「共産主義＝自由論」批判

1　志位氏の根本的な認識のずれ

共産党議長の志位和夫氏は最近、繰り返し「共産主義＝自由論」を述べている。

２０２４年６月25日、東京都知事選・都会議員補欠選挙中にもかかわらず全国都道府県学習・教育部長会議を開催し、この「共産主義＝自由論」を２時間半にわたって講義し、肝心の選挙戦においては、最終日の７月６日に蓮舫氏の応援演説に出て来ただけであった。２０２４年の衆議院選挙では、この「共産主義＝自由論」を「太い柱として押し出す」として街頭演説会でも長い時間をかけて演説した。

なぜ志位氏はそれだけの時間を使い、力を入れて「共産主義＝自由論」を説いたのであるのか、一連の講義をまとめ補強した彼の『Q＆A　共産主義と自由』（新日本出版社）の冒頭に「貧富の格差の拡大、深刻さを増す気候危機など、世界の資本主義の矛盾は深く、それをみて資本主義システムをこの先も続けていいのか」という真剣な問いかけが起こっています。一方『社会主義・共産主義は、自由がないのではないか』という声も少なくない」と述べている。

つまり資本主義は危機的矛盾を深め、その変革が求められる声が広がっているが、それを妨げているのが「共産主義には自由がない」という意見である。それを打ち破るためにはマルクスやエンゲルスが「共産主義は自由である」と述べていたことを知ってもらう必要があると言うのである。志位氏が同書で述べている論には根本的にいくつもの認識のずれがある。

①世界的に社会主義への志向が強まっているのか。

②200年、300年先の未来社会の構想を述べることは現実政治のあり方に責任を負う政党の中心的仕事ではない。

③世界の人々が社会主義・共産主義に見切りをつけたのは、ソ連・東欧の社会主義政権が崩壊し資本主義国になったこと、社会主義経済に行き詰っていた中国・ベトナムが改革開放の名において外資の導入、私的経営を認めたことによって一気に経済は飛躍し「社会主義の優位性」が破綻したことなどが主な理由である。

④自由論を「自由にできる時間論」に限定した誤り。

⑤党内において自由と民主主義を実行していない共産党が「未来社会の自由論」を語っても信用されない。

⑥180年前に破綻した先進国革命論を今頃蒸し返している。

以下、これらを確認していく。

(1)世界的に社会主義への志向が強まっているのか

10年ぐらい前から世界の著名な経済学者の多くの人々は「資本主義の危機・終焉」などの著作を出してきたが、一部例外を除いて「資本主義の次は社会主義・共産主義だ」と述べる人はいない。そして資本主義の次に来る社会への移動は数百年単位先のことであると展望している。

『共産主義と自由』の35ページ（以下ページのみを表示）において、志位氏はオーストリアのグラーツ市やザルツブルク市の市会議員・市長選挙で共産党が前進したことをもって「ヨーロッパの中央部でも社会主義の復権ともいうべき流れが」と論じている。ある国のある都市で共産党が前進することはありうる。しかし、そのことをもってヨーロッパ中央全体で社会主義が復権していることの証明にはならない。ヨーロッパではハンガリーを先頭に右翼的潮流・一国主義・移民排斥が急速に広がっている。

そして世界的にもロシアのウクライナ侵攻以降、ロシアを支持したり、ウクライナへの侵略を黙認したりする国が増えている。世界的には右翼的逆流との闘いが焦眉の課題となっており、「社会主義的志向が増えており、それを語ることが焦点」などとは到底言えない。

(2)「民主連合政府の樹立」でさえ100年先のこと

共産党はかつて「70年代の遅くない時期に民主連合政府の樹立を」（1970年の第11回党大会）

と言っていた。しかし1997年の第21回党大会において「民主連合政府を21世紀の遅くない時期に」と決定した。つまり「民主連合政府の樹立」でさえ100年単位のことにしているのである。

それであれば、それに続く社会主義・共産主義は200年、300年先のことである。その社会主義・共産主義の社会がどういう社会かをマルクスやエンゲルスの片言隻句を取り出して論ずることは、現実政治の改革を任務としている政党のすることではない。志位氏がそれを論じたければ共産党の議長を降り、在野の一思想家としてやればよいことである。

(3)社会主義の優位性の破綻

世界の先進国の多くの人々は「ソ連や中国には自由はない」と知っていた。世界の人々が社会主義・共産主義に見切りをつけたのは社会主義計画経済が停滞・破綻した現実を見たからである。いくら資本主義の矛盾・無駄・恐慌を説いても（それは事実である）、生産手段の社会化・計画経済を行った社会主義経済が停滞・破綻し、資本主義を導入することによって驚異的発展をとげたという事実の前に、社会主義の優位性は崩れ去ったのである。このことについて世界の人々を納得させる説明ができない限り、マルクス流の社会主義論が復権することはない。自由論が社会主義論復権の最大の焦点ではない。

なお志位氏は「生産手段の社会化」を論ずるために67ページにおいて「人類史の圧倒的期間

は、生産手段を共有した自由で平等な社会であった」と論じている。しかし人類の歴史の圧倒的期間は家族単位や、せいぜい部族単位での採取・狩猟時代であり生産手段の共有云々の時代ではない。約1万年前に牧畜や農耕が始まり生産手段というものが登場するが、例外を除いて共有社会ではなく家族単位または部族単位の所有であった。過去の共同社会と生産手段の共有社会は別のことである。これを一緒にして論じるのは間違いである。

(4)「社会主義＝自由論」を「自由時間論」に限定する誤り

志位氏は「資本論」や「資本論草稿集」「賃金・価格・利潤」などを引用し「共産主義＝自由時間論」を説いている。いずれも1860年代中期の論考である。マルクスが活動した当時のイギリスでは労働者の闘いによって10時間労働制が確立した。それは労働者が会合し組合活動を行う時間を確保でき、彼らの成長・発展へと道を開くことになった。その点に着目したマルクスは、自由時間の確保を共産主義の重要な課題として位置づけた。ただ彼は共産主義社会の到来をすぐ近くのこととして認識していた。それから180年も経ったが社会主義・共産主義社会は実現していない。しかし、その後の世界の発展は8時間労働制・土日休日を実現し、今日では財界や政府さえ「働き方改革」を言わざるを得なくなっている。つまり労働時間の短縮は未来社会の夢ではなく現実的闘争課題になっている。

志位氏の社会主義自由論に欠けている重要事項は「管理論」である。彼は自由時間の確保によって労働者は全面発達をなすことができるとの発達論を論じている。しかし資本主義を克服する社会において重要な課題は、①資本による搾取からの解放、②労働現場において労働者が資本の指揮から離れ自らが主人公となっての管理の確立、そして③労働時間の短縮・自由時間の確立――これらの3つである。

なおマルクスの片言隻句の引用の世界から出られない志位氏は、相も変わらず自由時間の確保による、あらゆる人々の全面発達論を述べている。必要なのは人々の個性と発達への願いに応えてその発達を保証することであり、全面発達を求めるなどは間違っている。

(5)党内で自由と民主主義がないのに自由論を語る資格はない

こうして志位氏は得々と「共産主義＝自由世界」を論じている。しかし今、共産党が批判されているのは共産党内において自由な発言が認められていないこと、パワハラやセクハラが横行していることであり、それを批判したり摘発した人々を排除していることである。現在、党内でさえ自由と民主主義を保証せず、セクハラやパワハラを解決しようとしない共産党が未来社会の自由論を説いても、国民は信用しない。

(6)社会主義の移行は「発達した資本主義からが大道」と説く

志位氏は134ページ以降で、社会主義的移行について第29回党大会を引用して「社会主義への移行は発達した資本主義からが大道」と説いている。この理論は１８４７年・48年にマルクス・エンゲルスが『共産主義の原理・共産党宣言』で述べた論である。しかし、それから１８０年あまり経っているが、そのようなことは起こらかった。

なお、この書でマルクスやエンゲルスは「社会主義は先進国であるイギリス・アメリカ・フランス・ドイツで同時に起こる」と述べた。志位氏はマルクスやエンゲルスにしたがって「社会主義への移行は先進国からが大道」とは述べたが、「同時革命論」は述べていない。先進国である日本において単独で資本主義的私的所有を社会的所有に変えられると思っているのだろうか。ましてや国家の死滅を日本単独で実行し自由な社会を築けると考えているのか、国民への説明が求められる。

＊注　関心のある方は、志位氏の『共産主義と自由』（新日本出版社）と私の『ポスト資本主義のためにマルクスを乗り超える』（かもがわ出版）を読み比べことをお勧めする。突然、志位氏が言い出した「自由時間論」については書いていないが（本文書で批判した）、拙著が歴史的事実経過を踏まえた現実的な改革の書になっているのに対して、志位氏の本は自分の「共産主義＝自由時間論」を説くためにマルクス・エンゲルスの文書を恣意的に取り出しただけの本であることが、分かるはずである。なお党首公選制は『志位和夫委員長への手紙』（かもがわ出版）で初めて述べたものではなく、この『マルクスを乗り超える』ですでに述べている。しかしその時には共産党の志位指導部は何も言わなかった。

2　世界情勢の認識がずれている志位氏のヨーロッパ訪問報告

2024年9月19日の赤旗に志位和夫議長のヨーロッパ訪問が報じられた。訪問中、毎日赤旗でその内容が報じられていた記事の大半が重複でありながら5ページにわたって掲載された。続いてそれを小冊子にして全党に講読が訴えられている。5ページという字数は膨大で、その一つひとつにコメントするわけにもいかないため、その主要点について触れることにする。

5ページにわたる報告の中にロシアと中国の文字が一つも出てこない。ユーラシアの西と東で新たな軍事同盟強化の動きがあり、これに対して平和への話し合い外交の必要性を説いているが、危機の原因をアメリカの軍事戦略としている。現実はどうなのか。ヨーロッパにおける平和の危機は、ロシアによるウクライナ侵略であることは明白である。長く中立国であったスウェーデンがNATO加盟に踏み切ったのもロシアの動向に対する警戒心からであった。ユーラシアの東ではどうか。中国が南シナ海・東シナ海において、一方的に領海・領土宣言を行い、ベトナム・フィリピン・台湾そして日本に対して一方的に覇権主義的行動を起こし、諍い事をつくってきたのである。

アメリカがロシアのウクライナ攻撃については非難しウクライナへの武器支援、ロシアへの経済制裁に踏み切っているのに対して、ガザを攻撃しているイスラエルについては糾弾どころか大量虐殺を続けるイスラエルへの武器支援まで行っていることをダブルスンダードであると批判していることは当然である。そのことをもって、ロシアや中国の行動を非難しないことや、まして や現在の世界の緊張の原因がアメリカの軍事戦略にあるなどという、ずれた世界情勢認識は誤りであるし、世界を平和に導く上で障害となる。

(1)「闘ってこそ事は開かれる」ならば自らはどうだったのか

志位議長はフランスやベルギーの闘いを聞き、彼らの「闘ってこそ事は開かれる」との話に感激していた。しかし志位議長を先頭とする日本共産党はどうしてきたのか。

① 先進国での闘いは多岐にわたる

先進国における闘いは、イデオロギー・政策論争、要求実現を目指す国民的闘い、それを基礎とした運動組織の拡大強化・統一戦線、自治体を含めた選挙闘争、党建設など多岐にわたる。しかし志位議長を先頭とする共産党は、しだいに選挙と党勢拡大に一面的にシフト化し党を疲弊化させ衆議院議員の数は41名から8名に、「赤旗」の部数は380万部から85万部に、いずれもおよそ4分の1に減ってきたのである。その原因を「敵の攻撃である」として自らのやり方を謙虚に分析することも、責任を明確にすることもなく過ごしてきた。ヨーロッパの党から「赤旗85万部はすごい」とほめられると380万部から減ってきたことには触れず、「100万部を目指している」語っている。

②欧米の労働運動から何を学んでいるか

この30年間、日本では労働者の賃金は横這いし実質的には低下してきた。それに対して欧米では25％の賃金引上げを勝ち取ってきた。欧米で共産党・左翼政党が増えてきたわけではない。日本の労働組合は企業別・正規労働者だけの組合としてきた。そのため企業が高度成長しているときは賃上げが行われたが、バブル崩壊以降の経済停滞の時代は賃上げは実現せず、今や組織率は16％にまで低下している。

それに対して欧米では産業別個人加盟制労働組合として非正規労働者も組織し、同一労働同一賃金、最低賃金引き上げのために闘ってきた。しかし日本共産党は、この状況を打開するために粘り強く長期にわたって闘うことをしないできた。今回のヨーロッパ訪問で学んだことを謙虚に実行するかどうかが問われる。

③右翼との闘いを学んでいるか

志位議長の報告を聞いているとヨーロッパでは共産党・左翼が髣髴《ほうふつ》と前進しているように聞こえる。そんなことはない。マスコミで報じられているように、この10年あまり移民排斥・自国中心主義を掲げる右翼勢力が急激に支持を広げ、自治体の首長選挙だけではなく国政レベルでも政権を争うところまで来ている。左翼政党ましてや共産党の飛躍など起こっていない。志位議長の報告で党員や支持者が「ヨーロッパでは左翼・共産党躍進の時代」だと思い込んでいるとすれば、それは違うと言わざるを得ない。

日本でも2021年衆議院選挙、22年の参議院選挙を通じて衆参ともに憲法改悪勢力が3分の2を獲得した。24年の衆議院選挙では、自公政権の金権腐敗問題を契機として与党である自公は過半数割れを起した。しかし共産党は前進どころか後退し、国民民主やれいわ新選組が躍進したばかりか、参政党や保守党などの右派的潮流まで登場した。

ヨーロッパの左翼・共産党と話し合うなら、この右翼的潮流とどう闘い克服するについてこそ議論を深めるべきであったと指摘せざるを得ない。少なくとも「頑張っている」とほめられて喜んでいる場合ではない。

その点で注目すべきことは、フランスにおいてルペン氏が率いる極右政党「国民連合」が第一党となり「政権獲得か」と言われたが左翼・中道政党が団結して臨み阻止したこと。スペインでも共産党員が大臣として入閣したことなどは貴重であり、なぜそのようなことになったのかを研究する必要がある。なお志位氏が感激していたベルギー労働党は、異論を含めてインターネット上での発信の自由認めている。

(2) 180年前のマルクスの革命論をおしゃべりしているだけ

志位議長がヨーロッパで語ったことは、相も変わらず「共産主義の実現は先進国が大道」「共産主義＝自由論、自由に使える時間論」のおしゃべりであった。

①200年以上先の希望で現実逃避

マルクスは資本主義の矛盾の克服として社会主義・共産主義を語り、1847年・48年の『共産主義の原理・共産党宣言』において、その革命はイギリス・フランス・ドイツ・アメリカなどの先進国で、同時に起こると説いた。それから180年経ったが、そうしたことは起こらなかった。にもかかわらず志位指導部は「共産主義の実現は先進国が大道」と言い出した。その馬鹿さ加減を覆い隠すために「共産主義＝自由論＝自由時間の増大」を説きだした。かつて「70年代の遅くない時期に」といっていた民主連合政府さえ「21世紀の遅くない時期に」と100年単位のこととして述べているのだから、共産主義社会の実現など200年、300年単位先のことである。その「共産主義になれば自由な世界になる」論など、現実政治の世界では何の意味も持たない現実逃避の論である。

②労働時間短縮は今の唯一の課題ではない

これらの批判が気になっているのか、志位氏らは自由時間論の根本的実現は資本主義を脱した共産主義社会であるが、現在の闘争としても重要であると言い出した。そして2024年9月21

日の「赤旗」において、労働時間規制法の提案「1日7時間制、週35時間制」を打ち出した。私は当然のことだと思う。戦後労働基準法が制定されて以来「1日8時間」は変わってきていないのだから（週48時間から40時間に短縮されてはいるが）、「日本の労働運動は何をしてきたのか」と言われても不思議ではない。

しかし、今日の労働者にとって労働時間短縮は最大・唯一の課題であるのか。日本の労働者の40％、青年・女性では50％が非正規であり低賃金と無権利で困っている。日本の労働者全体にとって最大の課題は正規化雇用による賃上げと権利の拡大である。そして職場内か近接での保育所の整備、安くて文化的な住宅の提供などで、安心して結婚・出産・子育てができる環境の整備である。労働時間の短縮は重要な課題であるが日本全体の労働者の実情を考えれば、労働時間短縮が第一の課題ではないだろう。

ところで気になることであるが、日本社会の最重要課題の一つである少子・高齢化・人口減少問題について、今のところ共産党の政策・方針では触れられていない。

③ヨーロッパ訪問報告は全党のエネルギーにはなっていない

党大会決定の読了党員がいまだに3割であるにもかかわらず、２０２４年9月17日付け「常任幹部会声明」では、第2回中央委員会総会の「全党への手紙」の討議支部が80％、手紙への返事を書いた支部が45％で「新たな決意で党づくりの挑戦に歩み出す流れをつくりだしてきました」

などと、およそ党の組織活動についてお粗末な認識を示し、別のところで赤旗5ページに及ぶ志位議長のヨーロッパ訪問報告を読むことが「中期的闘いの確信をもたらし総選挙勝利への確実な力になる」などと述べている。そんなことを言っている限り、全党のエネルギーを効果的に発揮することはできないだろう。

3　志位氏のアジア政党国際会議報告の欠落と誤り

アジア政党国際会議が２０２４年11月21日から23日、カンボジアの首都プノンペンで開催された。この会議に日本共産党（以下、共産党）を代表して志位和夫議長（以下、志位氏）が参加した。同12月3日の赤旗に志位氏によるこの会議の報告が2ページに渡って掲載された。しかしそこでは志位氏独特の認識における重大な欠落・誤りが露呈していた。

(1)トランプのトも習近平の習もない

今日、東南アジア、東アジアを含めたアジア地域の情勢や平和の問題を考える場合、アメリカ大統領選挙に当選し「アメリカファースト」で個別折衝によってアメリカ優位に持ち込もうとするトランプ次期大統領についても、「偉大な中華民族の復興」を掲げ、絶対譲れない核心的利益として南シナ海や台湾・尖閣周辺において軍事的挑発行動を繰り返し行っている中国について一言も触れていない。これでどうして平和の課題についてまともな政策を論及できるのだろうか。

(2)中国が許容する範囲の共同宣言

共同宣言には中国の反対に配慮し、現在平和の課題において喫緊の「核兵器禁止」の文言が入れられなかった。ロシアのプーチン大統領はウクライナへの侵略戦争とかかわって「核兵器の使用もありうる」と明言し、世界は重大な危機的状況に置かれている。しかし前回の国際会議において中国が反対したために、今回は最初の案文段階から「核兵器禁止」の項目は入れられなかった。その「共同声明」を志位氏は持ち上げているのである。志位氏が言う「対話と包摂で平和をつくる」という考えは中国とロシアにとって許容できる範囲のものである。

(3)外交と軍事抑制を二律背反的に扱い「対話と包摂で平和」だけに終始

アメリカやヨーロッパ諸国そして日本政府はロシアのウクライナへの軍事侵攻、中国の軍事挑発に対して軍事抑制論だけに傾いている。志位氏の「対話と包摂で平和を」はその逆さまの主張である。志位氏は「対話と包摂」だけでロシアの軍事侵攻や中国の軍事挑発を止められると思っているのだろうか。それは世界の現実をリアルに見た見解ではなく自己の論理に酔った空論である。一定規模の軍事抑制力を背景にした外交交渉抜きに現実の打開はないことは冷厳な事実である。

⑷限りなく中国の従属下に置かれているカンボジア・ラオスの現実

中国は雲南・ラオス・カンボジア・インド洋にかけて鉄道・道路網をつくり、ラオスやカンボジアを従属下においてきた。今回会議が開催されたカンボジアの首都プノンペンやラオスの首都ビエンチャンの街を歩けば、多くの中国人と黒人が歩いていることに気が付くはずである。アフリカに進出している中国は現地に中国旅行社の支社を設置し、裕福な黒人を中国そしてラオスやカンボジアに旅行者として連れてきているのである。海外旅行に行けるような裕福な黒人でも欧米に行けば露骨な黒人差別を受けるため、比較的黒人差別の少ないアジアとりわけ中国の影響力の強いラオスやカンボジアに連れてくるのである。街を歩けばスマホを首からぶらさげた黒人が家族連れでたくさん歩いているのに出会う。

志位氏はホテルの中だけにいてそうした現実を見ていないのか、もしくは関心がないのか、報告の中には、これらの街中の様子について一言も触れられていない。今回の会議の議長国はアジアの中で最も中国の影響力の強い国であるカンボジアである。宣言案文もカンボジアがイニシアチブを取って起案した。プノンペンに行きながら、そうしたことを直視できない志位氏の国際感覚が疑われるのである。

第３部
克服の方向と
「革新・共同党宣言」（試論）

1　克服・改革の方向

これまで第1部、第2部を見てくると、克服・改革の方向は明瞭である。

(1)基本方向

①マルクス主義の歴史的限界を踏まえ、党の理論的基礎にしない

現実政治に責任を負う政党として何百年も先の「共産主義」（不破・志位流のマルクス主義解釈に基づく共産主義）を目標とはせず、目の前にある資本主義の弊害と闘い、その是正・克服に努めることを目標とする。

②民主集中制の放棄

組織原則としてレーニン由来の民主集中制ではなく、普通の民主主義政党として運営する。全国連合政党として全国問題は全国組織で、地方の問題は地方党組織で方針を決定する。あわせて全国委員会と地方委員会は上下関係ではなく役割分担とする。

③熟議と自由の徹底

熟議を尽くした多数決制で、「決定」された方針は、やれる人がやれる範囲で実行する。決定に反対する人は保留し実行しなくてもよい。ただし公党として国会議員・地方議員などは党議拘束を受け、党が決定した方針で議会での採決に臨まなければならない。

離党の自由の尊重、党を離れた人々を敵対的な人間として扱うようなことはしない。

④ノルマは課さない

党をノルマ主義によって疲弊させ破壊する「期日と目標」を定めた党勢拡大の特別期間方式はやめる。

⑤人類的共通課題への統一的活動

今日、我々が直面し解決しなければならない問題の大半の課題は人類的共通課題であり、国際連帯での長い取り組みを抜きに前進することはあり得ない。国際連帯の旗を掲げた粘り強いスタンスの統一的活動を進める。気候危機打開を含めて専門的知識の習得に努め、10年、20年単位の活動である。それは全党員一斉活動にはない。まず、お互いに、そうした活動を尊重する活動スタイルが必要である。

⑥国際機関での活動

人類的国際的課題を解決するためには国連をはじめとする国際機関の役割は極めて大きく、日本国内の闘いを基礎に国際連帯で取り組むが国際機関での活動を重視し、その人材育成に務める。

⑦真に民主的な選挙

党首をはじめ全ての機関の長は全党員が参加した選挙で選ぶ、候補者は自由立候補か他の人の推薦によるものとし、現執行部推薦方式は行わない。また党首の任期制・定年制を定める。

2　連合時代の政党のありかた

今日、世界の「先進国」の政党状況を見ると、アメリカ・イギリスの二大政党を別にして多党分立での連合政権である。日本でも1993年には非自民・非共産の8党による細川護煕政権が生まれ、1994年には自・社・さきがけの連立による村山富市政権が発足した。以降、連立政権時代が始まった。共産党は村山政権発足後、「社会党の右転落」批判を徹底したが、日本でも本格的に連合政権時代になったことへの評価・分析・対応策は不十分であった。ここから連合参加方針、連合時代における政党のありかたに対しての追求ができず、「民主集中制堅持」など時代遅れの党運営に終始し、次第に党のエネルギーを引き出せなくなってきた。

もはや自民党など特定の政党が単独で過半数を獲得し政権を樹立・維持することはできなくなっている。つまり1993年以来、日本でも自民党・社会党の二大政党の時代から多党分立の連合政権の時代となった。共産党も政権に就こうとする限り、いずれかの連合政権に参加しなければならない。新しい探求が必要なのである。

(1)政策は相対的選択であって真理ではない

一口に労働者といっても、その所得、職業、職務などによって大きく意識・見解は異なる。国民の多数を一つの政党・一つの政策でまとめることは難しい。たとえば生活保護の支給を例にとっても、対象をどの所得水準に設定し、どの程度の額を支給するのか、非課税ラインをどこに引くかなど、簡単に決められる問題ではない。今回の「103万円の壁」問題でも、解決策が難しいことを見れば明かである。一つの政策を決めるにあたっても、その時の情勢、他党の政策、党員や支持者の要望などを多面的に検討し、多数決で決めたうえで国会や地方議会に望む、その時の少数意見が状況やタイミングが変われば多数意見に変わる可能性もある。

したがって「この政策はあくまでも現時点での多数意見である」との謙虚さが必要である。民主的討議、多数決制、政策の相対性の確認が必要なのである。

⑵政党間連合で自党への帰属性・政策的確信が緩やかに

今日、政党間連合以外に政権につく可能性はない。ある選挙区では共産党が立憲民主党の候補者を推して闘う。別の選挙区では立憲民主党が共産党の候補者を推して闘う。それを繰り返していれば党員の自党への帰属意識、ならびに自党の政策への絶対的確信は緩む。そして、自党の政策と異なる統一政策で他党の統一候補を有権者に訴えて闘うことになる。そうすると従来のように、わが党こそが正しく、わが党の候補者こそ素晴らしく、わが党の政策こそが正しいという認識はなくなり、党への確信が緩やかになる。つまり政党・候補者・政策の相対化が一層進むのである。

共産党の政策であっても、多数決で決定した相対的なものであるが、ましてや政党連合の統一政策は個々の党員の思いとは大きくずれる場合も十分に起こりうることなのである。そうすると個々の党員は、「私はこの政策は必ずしも適切とは思えないが、統一候補で闘い推す限りこの候補者を支持して闘う」ということになる。そうすると「党外で異なる意見を述べた」として処分の対象にするなどはできない。いま共産党はそういう問題にぶつかっているのである。

⑶要求別政党発足の可能性

一つの政党・一つの政策で国民の多数を組織できず、多党分立・連立状況になると、初めから国民多数を組織することを目的とするのではなく、ヨーロッパのように要求別政党が生まれる可能性が高い。つまり環境問題を重視する「緑の党」、ジェンダー平等を求める「平等党」、年金改善・高齢者要求を追求する「年金者党」、低所得者の要求を追求する「生活者の党」などの発足、つまり政党の専門店化である。こうした党が発足すれば共産党や他の党からそちらに移籍する人が出るだろう。

3　処分細則の制定、一方的な除籍手続きの再検討

(1)処分細則の制定

松竹氏や私・鈴木の除名処分の不当性については、ここでは繰り返し述べない。重要な問題は、共産党は処分として党規約第四十九条において警告、権利停止、機関からの罷免、除名と記載しているが、どの行為がどの処分に該当するのかが記載されていない。これは通常言われている罪刑法定主義と異なる。細則で明確化する必要がある。もう一つは誰が裁くかである。現状は党機関が「該当者」を一方的に処分しているし、その量刑も恣意的に決め裁いている。党機関が絶対的なのである。機関と独立した委員会の設置が必要である。党大会において中央委員会と別に規律委員会、監査委員会、ハラスメントなど人権侵害を調査する「第三者委員会」の設置などをしなければならない。県や地区も同じである。

⑵分派禁止規定の廃止・政策グループの容認

分派の問題。「松竹・鈴木は分派である」として松竹氏や鈴木の除名処分の理由の一つに挙げている。しかし松竹氏と鈴木はどのようなことをしたから分派なのかが曖昧である。

第29回党大会における、松竹氏の再申請を否定した山下芳生副委員長の報告によると、「およそ近代政党とは言い難い個人独裁的党運営などとどする攻撃を書き連ねた鈴木元氏の本を、中味を知ったうえで『同じ時期に出た方が話題になりますよ』と出版を急ぐように働きかけ、党攻撃の分派活動を行った」と報告している。

出版社の編集者が本の中身を知って編集するのは当たり前である。その中身が共産党機関の意に反していたからといって、党機関は出版社や編集者の党員に対してそれを規律違反として処分などしてはならない。党員の出版人は党機関が容認する本しか編集・出版にかかわってはならないとするなら、これこそまさに「言論・出版の自由」に対する侵害である。

「同じ時期に出た方が話題になりますよ」というのは、出版事業としては当たり前である。本屋に行った時、同一テーマの本が何冊も並んでいれば、その問題に関心のある読者の目につきやすく、販売量が増えることが出版界では知られているからである。この時期にいわゆる「共産党もの」は10種類以上出されている。私が見た限り「反共もの」ではなく、いずれも共産党の弱点や誤りを指摘しその改善を求めたものである。

なぜ、この時期にそれほど共産党にかかわる本が出たのか。それは自公政権の軍事優先・生活破壊の進行に対して、それを批判して闘う共産党が急速に影響力を失っていることに対する危機感があったからである。私・鈴木元の『志位和夫委員長への手紙』を読めば判るが、これは共産党攻撃の本ではなく共産党の改革を求める本である。なお付言すれば、私の出版をめぐって松竹氏と私が会ったのは、校正時に私が悪筆なので校正にあたって原稿を直に確認してもらうために、喫茶店で1時間会っただけである。

党規約にも分派とは何かが規定されていないので、機関が分派と言えば分派になるという仕組みである。これはレーニンやスターリン以来のやり方である。自民党などは派閥について明確に規定している。一定の政綱を持っていて、誰が構成員であるかを明らかにし、定期的に機関紙を発行するなど継続的に活動している集団であるとして認めてきた。私は一つの政党の中にこのような派閥をつくることは良くないと思っているし、そのようにするなら自民党を出て新しい党をつくれば良いと考えてきた。

しかしある政策について検討する、たとえば安保政策や安楽死などについて研究会的政策集団の結成は認めた方が良いと考えている。その方が党内での政策論議の活発化が図られるからである。党員はいくつかの政策研究会グループに参加したら良いだろう。

(3)不当な除籍を認めない

党福岡県委員会の常任委員であった神谷貴行氏が県委員会総会において「松竹氏の除名は間違いであると中央に対して意見を上げるべきである」と主張したが否決した。それだけではなく、福岡県委員会は神谷氏に対して内田裕県委員長を先頭に何名もの県委員で長期にわたって「調査」をした上で2024年8月に除籍・解雇した。

神谷氏は県の常任委員であった。県委員である彼を処分するには県委員会の3分の2の賛成がなければならず、処分はできなかった。そこで第29回党大会の後の県党会議において次期県委員名簿に彼の名前を掲載せず彼を県委員から外し、ただの勤務員とした。そして県常任委員会として彼を除籍・解雇した。それを間違いであると主張した砂川氏（元福岡県会議員候補）と羽田野氏（福岡県民青同盟の幹部）も除籍した。

除籍は処分ではない。党機関が党員としての資格がないと判断した場合、党籍をなくすことである。処分の場合、本人に事実確認・弁明の機会を与えなければならない。ただ除籍の場合も党規約第十一条において、「除籍にあたっては、本人と協議する」と記載されている。しかし今回の神谷・砂川氏・羽田野氏にたいする除籍においては本人らと協議は行われず一方的に除籍した。2023年3月の松竹・鈴木除名以降、全国的に相当多数の党員が除籍されたようである。このような除籍の横行を許してはならない。

(4)「党生活確立の3原則」の見直し

現在、共産党員の「赤旗」購読率、党費納入率、会議参加率、行動参加率は急速に減ってきている。それは先に書いてきたような志位指導部の一面的な主張、選挙に負け党勢を減らしても責任を取らない無責任さなどに対する「離脱後退」が主要な原因である。それに加えて、この10年ほどの間に全国的にも地方的にも他党の候補を推して闘ってきたため、党員への帰属性や政策的な絶対的確信性が緩やかになってきたことも挙げられる。

したがって「党生活確立の3原則」（赤旗を講読し、党費を納め、支部会議に参加する）を守ろうとすると、半分近い党員を「資格なし」として除籍せざるをえない。それか三原則を廃止するかである。党のあり方の重大な岐路に立っているのである。政党連合政権時代の党として進もうとするなら、「党生活確立の3原則」は廃止する方向で改革をすすめなければならないだろう。

(5)国民の政治参加としての入党の勧め

生き方論として入党を勧めることはやめ、主権者である国民の政治参加として訴えるべきである。

共産党の市田副委員長などは全国各地へ押しかけ党知る会の講師を行っている。そこでは相も変わらず「社会変革のための共産党に入ることは最も素晴らしい生き方である」と説いている。その考えで行けば共産党に入っている人は入っていない人よりも素晴らしい価値のある生き方をしていることになる。そのようなことはない。一人ひとりの人にとっては良い教師・医師・スポーツマンなど多様な生き方がある。そのうえで政治生活では自民党員であったり共産党員であったりしているのである。つまり入党するということは、人生の一部である政治分野でのことである。

戦前天皇制政府の野蛮な弾圧下で共産党に入ることは投獄・拷問・死をも覚悟しなければならなかった。つまりキリスト教が禁止されていた江戸時代に入信するのと同じような覚悟が必要であった。そのため入党するにあたっては「歴史の進歩とともに歩む最も素晴らしい生き方」と自己を納得させなければならなかった。戦後、国民主権の社会となり共産党も「自由」に活動できるようになり、様々な人生を歩みながら政治生活としては共産党に入って活動できる時代になっているのである。そんな時に「時代錯誤」で「自己陶酔」のような「共産党の入ることが最も素晴らしい生き方」と語って入党を迫ることは、入党対象者を極端に狭めるし、党外の人に対して不遜である。主権在民の社会にあって、国民の政治参加として勧めるべきである。当然、離党の自由を認めるべきだし、党をやめた人を脱落者や裏切者扱いなどにしてはならない。

3　政党名と政党助成金

(1)政党名

共産党という名前は、その名のとおり共産主義を目指す党という意味である。現実政治に責任を負い、政権を目指す組織である政党が、共産主義を目指すというのは不適切である。ましてや共産主義の名において、この100年余り世界で行われた殺戮・人権破壊、つまり手垢で汚れた名前を継続することはやめなければならない、政治・世の中の革新を目指すという意味で「革新」もしくは「進歩」という言葉を党名に入れるべきだろう。

もう1つは、一つの政党で政権樹立、社会改革は実現できないことを踏まえ、多くの国民・団体・政党の協力で世の中を変えて行こうと呼びかける趣旨から、「共同」もしくは「統一」という言葉で党の活動方向を示すべきだろう。すると「革新・共同党」や「進歩・統一党」などの政党名が適切ではないか。

なにか原案がある方が良いと思うので、ここでは「革新・共同党」という党名を提案する。最終的には投票によって最も賛成の多かった党名を採択することになる。

(2)政党助成金

共産党中央の見解は「政党助成金は国民の税金を、支持しない政党にも配分するのは国民主権、結社の自由に対する侵犯である」としてきた。しかし、国家財政（税金）から政党にお金を渡すことは、本当に民主主義を侵犯することになるのか。

第二次世界大戦以前、日本では町村会議員には歳費は支給されていなかった。そのため農村では地主、都市では豊かな商工業者などしか町村会議員にはなれなかった。戦後、国民主権・地方自治の新憲法の下で町村会議員にも歳費が支給されるようになり、農民や労働者からも町村会議員になれるようになった。また国会議員だけではなく、町村会議員に対しても政務調査費が支給されてきた。併せて選挙にお金がかかることから、現在では選挙の公営化として選挙に際してのポスター・チラシ代、選挙カーの借り入れ費用、アナウンサー雇い入れの費用も公費負担されるようになった。これらは社会進歩であり、民主主義の充実であり、共産党も受け取っている。

そして国会議員の場合、最近問題になった調査研究広報滞在費（旧文通費、月100万）も支給され共産党も受け取ってきた。いずれも議員数・立候補者数に応じて支給されてきた。したがって、政党助成金だけを受け取らないというのは理屈にあわないだろう。

この問題は、政治改革の名の下に、政権交代可能な二大政党づくりのためとして小選挙区制と政党助成金がセットで提起されたために、小選挙区制（5割の得票で8割の議席を独占）に反対である共産党として政党助成金にも反対する共産党の立場を理由づける目的で「国民の税金が、支持していない党にわたる憲法違反」というロジックを主張したのが本当のところではないか。

しかしその後、選挙の公営化などが進められ、政党活動にお金のある人や団体・政党しか参加できない事態を改善してきたことを見れば、あえて反対し拒否するものではないだろう。「支持しない政党にお金が回る」は、他の制度でも同じであるだけではなく、共産党が拒否した分は他の政党に案分されて支給されているのだから、意味はない上にかえって「利敵行為」となっているともいえる。

それよりも、国会議員の立候補にあたって1人あたり最低でも300万円の供託金をおさめ、法定得票率（10％）が取れなかった場合は没収という制度こそ廃止するように求めるべきであろう。政党助成金を受け取らなくてもお金はかかる。そのため共産党員・支持者から多額の寄付を求め続けることが党活動の桎梏となっており、離党者増加の大きな理由の一つとなっていることも踏まえ、これまでの行きがかりを捨てて、政党助成金は受け取るべきであろう。

4　党改革と新党結成の難しさ

冒頭の「はじめに」でこのことについて触れたが、「革新・共同党宣言」（試論）を提起するにあたって改めてふれる。一般的に言って社会や既存の組織を批判したり否定したりすることは簡単である。しかし社会や組織を改革したり、新しく作り変えることは容易ではない。

なぜなら、その社会や組織の指導部にとっては自分たちの既得権が奪われる恐怖から、そうした言動を行う人を抑圧したり排除するからである。共産党においても今まで見てきたように志位議長を始めとする三役、そして彼らを含む25人の常任幹部会員たちが自分たちの特権的処遇を失いたくないという思いから、党改革を提起するものを排除してきた。現状では上からの改革は望めないだろう。

松竹氏や神谷氏は党改革の引き金となることを願って、除名や除籍取り消しを求める裁判を起こした。私も支持し応援している。しかし、この裁判は短くても5年、長ければ10年単位の裁判になると予測される。どちらが地裁で負けても高裁に上告するだろう。高裁で負けた側は、最高裁に持ち込むだろう。この裁判はある意味で、袴田里見裁判の最高裁判決を覆さなければ勝利しない裁判であるから、年月がかかる。

その間に共産党はどうなっているのだろうか。自分たちの除名や除籍は正しいと受けて立つのだから改革は行わないので、なくなっているか、存在していても現在の社民党のように衆参1、2議席という状況になっている可能性がある。それでは日本には革新の旗をかかげた党が社会的に一定の影響力をもって存在しないという不幸、反動や財界による好き放題の政治が行われることになる。

するともう一つの道、すなわち新党の結成も視野に入れておかなければならない。冒頭の「はじめに」書いたように、これも容易ではない。重複をさけて別の角度から考えてみる。

新しい組織、この場合は新しい党を考えるためには、その党の理念（志）が明確でなければならない。そして最初から小選挙区での当選者の輩出は無理であっても、比例区での複数の当選と政党要件を満たす得票を得なければならない。すると代表者には全国的に名の知れた人物が複数名就任しなければならない。そしてそれを支える組織とお金がなければならない。これらの要件が確保されなければ全国政党として継続的に活動できない。

だから新党はできては消えてきたのである。維新の会は橋下徹氏の下で大阪で一定の影響力をもったが、全国政党にはなれなかった。そこで東京の石原慎太郎氏の太陽の党と合同したが、理念・政策が違い分裂してしまい元の大阪中心の党に戻ってしまった。小池都知事による希望の党づくりもすぐに消えた。よほどの準備と合意がなければ線香花火のように消えてしまうだろう。

したがって、私はここでは党改革の道も新党結成の道も断定せず、「日本において政治革新を進めるための党はどうあるべきかという討論から開始しませんか」と提起する。インターネット上で独自のフォーラムも立ち上げる。読者からの積極的な意見・提案を送っていただくことを期待したい（巻末のメールフォーラム案内参照）。

5 「革新共同党宣言」試論

(1) はじめに

2023年の松竹・鈴木除名問題以降の共産党の対応を見ていると、前記のような党の問題点と克服の方向について、残念ながら志位指導部が自己改革できるとは思えない。そして特権を保障された25人の常任幹部会員が志位指導部を批判し、その辞任を求めるとも思えない。結局、党中央から任命されておらず、また給与も支給されていない現場で頑張ってきた地方議員や地方党役員が党の改革、もしくは新党の立ち上げのために立ち上がることを抜きに改革が進むとは思われない。

そのためには批判だけではなく、党をこのようにしようとする案を提起しなければならないと考えた。そうした党が必要だと思っている方々が読み討議し新たな取り組みを開始されることを期待したい。

よびかけ対象

この党は共産党をはじめとする既存の政党の現役の党員だけではなく、過去に共産党を離党した人だけではなく除名・除籍されたが日本の進歩・革新のために活動したい人、そして現在どの党にも所属していないが日本の政治革新を担う自由で開かれた党が必要だと思っている人々に呼びかける。

次の綱領・規約は討議のための素材提供なので、詳細には記述せず柱建てだけとした。読者を中心とした方々のフォーラムへの参加などにより、東京都会議員選挙と参議院選挙の結果をふまえて豊富にし、パート2を出版したいと考えている。

(2) 綱領（骨子）

現代世界はこの数十年間、数世紀ぶりの激動の時代に入ろうとしている。それは冷戦後のアメリカ一極から多極時代に入っているだけではなく、大航海時代・産業革命以降の欧米中心の世界が大きく変わろうとしている。同時にフランス革命、アメリカ独立戦争で掲げられ人類普遍の原理として追求されてきた自由・平等・民主主義・人権・博愛などを軽んずる潮流が発展途上国のみならず、「先進国」においても政権を獲得するような事態が広がっている。

また富の増大を第一とする生産は、地球的規模で人類の生存をも危機に陥れる気候危機・疫病のパンデミックを作り出している。あわせて新自由主義の名の下の規制緩和は、貧困が世界的に広がり、極端な格差社会がつくりだされている。

第一次世界大戦、第二次世界大戦の教訓からつくられた国連憲章の精神が踏みにじられ、公然とした侵略戦争が行われている。そして核戦争・第三次世界大戦の危機さえもが現実のものとなりかねない時代となっている。「小異を捨て大同につく」の態度で戦争阻止・核兵器禁止・気候変動克服など人類的共通課題における、あらゆる運動の統一が求められており、その先頭に立つ党の建設が必要である。

こうした状況の改善は一国で解決できるものではなく、世界の人々の連帯的行動が強く求められている。この闘いの基礎となる日本における闘いも、あらゆる分野で一致点に基づく運動の統一が求められている。こうした状況の下、日本国民の革新のエネルギーを結集する党は、特定の思想を理論的基礎とする党ではなく、一致点に基づく共同の党として確立する必要がある。

（当面の行動綱領）

①気候危機打開・新しい疫病の克服、核兵器禁止、新自由主義に基づく極端な格差と貧困の是正などの人類的共通課題の解決のために、世界の人々と連帯して進める。この取り組みを効果的に進めるため、国連をはじめとする国際機関への働きかけを強める。そのために国際機関で働く人材の育成に努める。またその解決を図る日本政府・地方自治体の樹立のために活動する。

②国家の第一的任務は、領土を守り国民の生命・財産を守ることである。将来的展望としては対米従属の安保条約をやめ対等平等な日米友好条約を締結し、独立・中立・自衛の国造りを進める。当面は侵略戦争反対・自衛権の確保・国民の安全確保をめざし日米行政協定の改善を図るとともに、自衛隊が専守防衛に徹するように務める。

③国民主権下において5割の得票で8割の議席を独占する小選挙区制を撤廃し、お金で政治を歪め腐敗を生む企業・団体からの献金を禁止する。

④災害大国日本として予防・救援・避難・復興を統一的に進める対策を官民上げて効果的に進める。

⑤性・年齢・障害などの違いによる差別を撤廃する。

⑥少子高齢化対策を総合的にすすめる。そのため安心して結婚・子育てができる手当・低廉で文化的な住宅、地域の環境整備を進める。また高齢者の多様な能力を社会的に発揮できる社会

システムの確立を図る。

⑦遠くへ・大量に・早くではなく、地産地消で、近く・必要最小限・ゆっくりの生活を提唱し実現を進める。エネルギーと食料の自給率を計画的に高め自立を目指す。

⑧外国からの観光客の「体験型観光」を重視し、地方再生と国際交流の持続型観光として日本の重要な産業として発展させる。

⑨医薬品など省エネ・省資源の高度技術による最先端産業を育成する。国民皆保険制度とは別に国際高度医療病院を日本の主要都市に建設し、日本を高度医療センターとして確立し、医療大国となることを国策として進める。

⑩非正規労働者の正規化による賃金の引き上げ、労働条件の改善を図る。正規労働者のサービス残業、過酷な濃密労働による過労死・精神障害を防ぐために当面まず1日7時間・週35時間労働を確立する。あらゆる種類の外国人労働者が日本の労働者と同様に労働基準法による保護が受けられ、同一労働同一賃金を確立する。

⑪「国家百年の計」として高等教育までの学費無償化を実現するなど教育を国策の重要な柱として発展させる。21世紀は高度知的社会となるが、それをさえる高度知的人材育成のために大学院博士課程の充実を図り、学費無償化だけではなく必要な生活費を支援する。時代の変化に対応し個人の発達を保障するために生涯教育・社会人教育を希望する全ての人々に提供する。留学生50万人計画の実施により日本を留学生先進国とし。未来を担う若者の世界的な学びの場と

して確立する。また在日外国人のための無償の基礎教育を実施し、差別を撤廃するだけではなくその力を生かしてもらう。文化・スポーツを国民の権利として発展させる。

⑫福祉・教育国家＋協同組合など総合扶助・連携の社会づくりを進める。

(3)規約　党内外に開かれた自由でフランクな党づくりを進めるために

第1条（名称）　革新・共同党とする。

第2条（党の目的）

1　気候危機打開、疫病のパンデミック阻止、核兵器禁止、格差と貧困の克服など人類的共通課題解決のために、世界の人々と連帯して活動する。

2　世界規模での問題解決を待つことなく、解決を先導するためにも、日本国民の統一的運動の発展によって民主的な政府・地方自治体の確立を図る。

3　行政的施策の前進だけではなく協同組合・持ち株会社など様々な共同的連帯的な取り組みによって生活改善と連帯のネットワーク実現のために努力する。

第3条（入党と離党、二重党籍）

1　18歳以上の日本人で日本国籍を有する人で綱領と規約を認める人は党員となることができる。

2　離党の自由は保障され、特段のことがない限り復党が認められる。

3　他の政党の党員であった人だけではなく、不本意に日本共産党を除名や除籍された人が、あらたに国際連帯の下、日本の革新のために入党することは大いに歓迎される。

4　年金党、緑の党など要求別の党に所属する人は、革新・共同党の二重党員となることができ、国民運動の統一を図る。それらの党にフラクションをつくり介入するようなことは行わない。

第4条（運動の統一）

1　国民要求実現のためには、多様な要求実現のために奮闘するとともに、それらの運動の統一的取り組みのために努力する。

2　とりわけ唯一の被爆国である日本の原水禁運動と、国民生活改善の中心となる全国的ナショナルセンターの統一のために貢献する。

第5条（決定）

1　国政ならびに国際問題は全国委員会で、都道府県段階の問題は都道府県委員会で、地域・職場・学校などの問題は、それに該当する組織で決定する。

2　全国・都道府県・地域の組織は上下関係ではなく、それぞれの対象に対応する独立した権限を持つ組織であり、平等である。

3　各組織は該当する党大会を1に1回開催し年間の総括と方針を決定する。その決定に基づく具体的実践は各委員が組織する。

4　民主主義的討議の上、多数決で決定する。決定の実践はやれる人がやれる範囲で行う。決定に反対の人は実行を保留することができる。

5　ただし国会議員や地方議員は議会においては党議拘束の下、党が多数決で決定した政策・方針にも基づいて採択を行う。

6（出版・言論の自由）少数意見の党員を含めて全ての党員は党外出版物やX、フェイスブックなどのSNSで自分の意見を自由に表明できる。

第6条（役員の選挙）

1　各級役員は、党首を含めて全党員参加の選挙で役員を選出する。

2　選挙は各自の立候補および推薦制とし、前役員による推薦制は導入しない。無記名・個別・秘密投票とする。

3　党首の任期制、定年制を定める。

第7条（議員）ならびにグループ

1　立候補希望者が予定定数を上回る場合は、該当する委員会単位での予備選挙で選ぶ。

2　議員は該当する委員会の下で活動し、委員会の下に複数の議員がいる議会の場合は議員団を構成する。

3　団体を党が干渉・介入し混乱を引き起こすことがないように、原則として対応する党グループはつくらない。必要に応じて該当する委員会は、その団体の党員の会議を臨時に開くことができる。

第8条（財政）

1　党員は入党費と党費を納める。

2　各委員会は該当する選挙に応じ選挙資金を提起し、党員各自の判断で寄付を行う。

3　政党助成金は受け取る

第9条（機関紙）

紙の機関紙はつくらない。全国委員会は電子版の機関紙を発行する。各委員会はその実情に即して行う。

第10条

党大会において中央委員とは別に規律委員会ならびに監査委員会を選出し、中央委員会の規律ならびに財政監査を行う。ハラスメントなど人権侵害を調査する第三者委員会を設置する。都道府県党ならびに地区党についても同様に行う。

第11条（その他）

以上の条項にない問題で必要な事項はその都度、全国委員会が決定し次期党大会で承認を受ける。

おわりに

この原稿を書き上げた２０２４年12月末の段階で、共産党は衆議院選挙の総括と参議院選挙の方針を決定する第４回中央委員会総会は開催していなかった。異常である。選挙で後退した公明党、日本維新の会は臨時の会議を開き党首も交代した。大幅後退した自民党は、「負けたのは自分の責任ではなく、安倍派の裏金問題である」と居直っている石破茂総裁は退任しなかったが、「誰も責任を取らない訳には行かない」と選挙責任者であった小泉進次郎氏が辞任した。それに対して共産党の志位指導部は、負けても相も変わらず責任を取らないだけではなく「衆議院選挙総括・参議院選挙方針」を決定することさえ行っていない。

その理由の一つは、本書の中で記したが、最大の問題は財政問題と推察される。比例区の財政は中央負担であり、そのために借りたお金を返すために作家の故・森村桂さんらから遺贈で受けた財産などを切り売りして賄おうとしている。しかし、地方党組織が借りて用意した供託金のうち、没収された４億２９００万円のお金の出所はない。中央委員会の指示で急遽、地方区の候補者を出し、多額の出費と返せない借金を抱えたのである。中央委員会総会を開催すれば、この責任・対策が問われる。

政治総括は今までの選挙と同様に「何とでもなる」と思っている節がある。選挙直後の常任幹部会声明で出した「赤旗のスクープで与党の自公を過半数割れに追い込み、新しい政治局面を開いた。残念ながら党の力が足りなかったために、それを党の躍進に結び付けられなかった。「参議院選挙に向けて強く大きな党をつくろう」を基本とするだろう。それに付け加えるのは「国民要求実現のために頑張ろう」と「SNSの活用を強めるために戦略室をつくった。全党も創意工夫して切り開こう」ということだろう。

国民要求の実現に関しては、常任幹部会の場で「得票が前進せず後退したのは以前と比べて要求闘争が弱まっている。その改善が必要だ」との発言を無視できず恐る恐る取り入れたのであろう。しかし、そのようなこと確認しようが決定しようが「SNS対策強化方針」と一緒で、高齢化しそのようなことをやってこなかった共産党が、他党と比較して特段の前進・成果が上げられるとは考えられない。

もう一つは参議院選挙にあたって野党共闘をどうするかについての方針が定まらないのであろう。先の衆議院選挙にあたって立憲民主党の野田佳彦代表から金権腐敗の44人の選挙区での候補者一本化を申し入れられたが、田村智子委員長は「金権だけでは」と拒否した。ところが首班指名の決選投票では、先の拒否の方針とは相矛盾して野田代表に投票した。

現在、立憲の野田代表から参議院選挙にあたって1人区での候補者調整を申し入れられているが、共産党は無回答のままである。候補者調整に乗るならば、衆議院選挙で断ったことは誤りであったことになる。しかし、参議院選挙において衆議院選挙と同様に与党の自公を過半数割れに追い込もうとすると1人区での候補者を一本化する必要がある。共産党は絶対に指導部の誤りを認めない体質のためジレンマに陥り、ズルズルと決定を先延ばししている。1人区での候補者一本化に応じるべきだろう。

いずれにしても本質的な総括・責任を回避していては、来る参議院選挙・都会議員選挙も厳しい結果になるだろうと予測される。それでも志位指導部は「革命党」「党首の公選制は行なわない」「科学的社会主義を理論的基礎」として「共産主義＝自由」論を説き、「我々は資本主義が永遠とは思わない、搾取のない自由な共産主義を掲げて闘う」と言い続け、イデオロギー政党の色合いをますます強めるだろう。

その時点で、いよいよ、この私の「革新・共同党宣言」（試論）が本格的討議の俎上にあがってくる。私は参議院選挙後にパート2、引き続きパート3を出し、前進的世論を形成できることを期待して結びとする。

2025年1月1日　鈴木元

追記①　第4回中央委員会総会における田村智子委員長の「報告」について

本著の執筆は2024年の年末で書き上げ、原稿を出版社に送った。年を越えて2025年の元旦の「赤旗」に志位和夫議長のインタビューが掲載された。内容は私が本著の第2部で批判したことの繰り返しであったので、ここでは触れない。

そして1月4日、党本部で行われた「党旗びらき」で田村智子委員長が挨拶をしたが、次の4中総批判と重なる内容なので省略する。

さて、1月10日と11日に共産党の第4回中央委員会総会が開催された。最大の眼目は2024年10月27日に投開票された衆議院選挙の総括と2025年7月に行われる参議院選挙方針であった。その内容に触れないわけには行かないので、本著の印刷・発行を止め、読んだうえで追記という形で書き込むことにした。

(1) 結局、総選挙総括は深められず、野党共闘の提起はなかった

この10年あまり、共産党の選挙結果に基づく文書は「政策は正しく、浸透したところでは支持は広がったが全体としては、それを生かす力が足りず後退した。次回選挙まで130%の党勢拡大を」繰り返してきた。

先の総選挙で共産党は10議席から8議席に後退し、わずか5年前に結成された、れいわ新選組に議席も得票も及ばす第7政党に後退した。私がかねてから言ってきたように「このまま改革しなければ、国政レベルでは取るに足らない勢力になる」となってしまった。今回の4中総の最大

の課題は総選挙総括をきちんとし、それを力に参議院選挙・都議会議員選挙の前進を臨むことである。

ところが4中総では、「二、総選挙総括と教訓」において、中間総括を中央委員会総括として確認するとされた。「中間総括」とは、昨年（2024年）11月15日の全国都道府県委員長会議での報告のことであり、それは10月27日の投票結果が出た明くる28日の常任幹部会声明を、そのまま踏襲したものである。すなわち「政治論戦は、全体として的確なものであったが、その内容を多くの国民に伝えることができなかった。国民に伝える活動の絶対量が足りないという根本的な問題とともに、活動の仕方を改革する必要がある」とし、「この中間総括は全党に積極的に受け止められている。これらの諸点を第4回中央委員会総会として確認する」とされた。

これでは何も総括しなかったことになる。立憲の野田佳彦代表から44名の自民党金権腐敗議員を落とすための候補調整を呼びかけられたが「金権だけでは」と断った。比例の得票を増やすために可能なかぎり小選挙区での候補者を擁立するとして前回の倍の候補者を擁立し、143名が供託金没収となり4億2900万円を没収され、都道府県党の財政難をもたらしたことなど総括と対策が必要であるがまったく触れられなかった。

そして、7月の参議院選挙にどう臨むかである。立憲の野田代表から1人区での候補者調整の申し入れを受けており、それにどうするかが求められていたが「引き続き市民と野党の共闘を追求」といいながら、何も方針は提起されなかった。

(2) 展望なき参議院選挙の目標

参議院選挙の獲得目標650万、得票率10％以上。比例で改選4名を5名への躍進、選挙区では東京・埼玉・京都での現有議席を絶対確保、神奈川・愛知・大阪などの複数区を中心に議席増に挑戦するとされている。

先の衆議院選挙での得票は336万2000票（得票率6・16％）であった。どうやって314万票も増やすのか。何もない。この票では5議席どころか4名も難しく3名獲得できるかどうか、つまり小池晃氏、山下芳生氏に続く井上哲士氏が当落を争うことになるだろう。選挙区ではどうだろうか。6人区の東京は吉良よし子が当落線上であったが、都知事選挙に立候補した蓮舫氏の後の補欠選挙が行われるが、今のところ蓮舫氏は立候補を表明していない。したがって「7人区」になり吉良氏の当選の可能性は高まった。あれほど自身過剰であった蓮舫氏が立候補表明できないほど打ちのめされたのであると考えられる。それを党議長の志位氏は「次につながる一歩前進」と言ったのである。

埼玉はどうだろう。かねてから草加市などでセクハラ・パワハラが問題となり、草加市市会議員は共産党が5名いたが、1名辞職し、3名が離党表明後に除籍され、1名になってしまっている。先の衆議院選挙での比例の各党別得票は自民74万6184票、立民70万4233票、国民39万5017票、公明34万9164票、維新22万1900票、れいわ21万9287票、共産

21万2417票であった。4人区の埼玉で当選する可能性はまずない。

京都はどうだろうか。先の衆議院選挙の比例の得票は自民22万8401票、立民19万3727票、維新16万8030票、共産12万7282票、国民10万万票、公明9万7363票、れいわ6万8077票であった。つまり2人区の京都で倉林明子氏の再選は難しいのである。ただし選挙は過去の得票だけで決まるものではない。西山とき子氏以来、6年毎の選挙は候補者の組み合わせもあり当選してきた。今回も今のところ立民は候補者を擁立していない。したがって倉林氏が北陸新幹線延伸問題を大きな争点として打ち出すことに成功すれば、当選する可能性がないとは言えない。踏ん張り次第だろう。後の複数区はめどがないだろう。したがって関西の党組織は現職の倉林氏の再選のために力を集中すべきだろう。

(3) いくつかのわけの分からない方針

① 500万の要求対話・要求アンケートの推進

要求型選挙・対話と支持拡大・党勢拡大のために500万人の要求アンケートを進めることを提起している。支持拡大や党勢拡大の手として要求アンケート活動をしても簡単に支持拡大や党勢拡大に結びつかないことは少しでも現場の実情を知っていれば分かることである。しかも得票目標を650万としているのに要求アンケートの目標は500万人としている。このちぐはぐさに矛盾を感じていない。

②「しんぶん赤旗」を守りぬき発展させるために100万の読者回復、10億円の募金を訴える

昨年の初頭まで赤旗の読者数は85万と言われていたが、昨年1年間だけで日刊紙読者約7000部の減、日曜版読者約4万部近い減で計5万人近い読者の減が起こっており、実質80万部を割っていると推察されている。つまり100万人の読者にするためには20万人拡大しなければならない。どうしてやるのかの方策は提起されていない。いさましいだけである。

ところが、そのあとに10億円募金を訴えるとされている。小池書記局長の発言によると、赤旗日刊紙の発行のため年10億円ほどの赤字を出しているそうである。それなら10億円の寄付は今年限りのことではなく毎年必要になる。

そんな馬鹿げた方針はない。経営感覚ゼロの無責任な「方針」である。普通の企業であれば赤旗日刊紙は廃止である。少なくとも経営陣の引責辞任・報酬カットである。しかし、志位指導部は自ら責任を明らかにすることなく全党に寄付を求めているのである。

志位指導部は「共産党の組織破壊者である」と言っても過言でない。一刻も早く退陣に追い込まなければ、いよいよ共産党は崩壊の道を辿るだろう。これ以上、あれこれの細かいコメントは必要ないだろう。

この追記を書き終わった1月10日の午後11時前に連絡が入った。栃木県の有名な古書店かぴばら堂の店主・露久保健二・美栄子夫妻が除籍された。夫妻はかねてから栃木県委員会や中央委員会に党運営の改革を求めて意見書を上げてきた。それをネットで発信してきたが、昨年（2024年）末に県委員会から調査の面談申し入れがあったが「年末・年始は商売が多忙な時である。2月以降にしてほしい」と返事していたが、一方的に除籍通告書が郵便で送りつけられてきたそうである。4中総で「自由な討論が保障されている」とか「個性と多様性を大切にしている党だということを大いに語ろう」と言っても駄目だ。共産党ほど言っていることと行っていることが違う党はない。

1月10日、中央委員会総会が開催されている党本部前で、8人の有志による「自由と個性を尊重した党運営を」とのプラカード持ったスタンディングが行われた。

追記②

2025年1月15日、元東京知事候補であった石丸伸二氏が地域政党「再生の道」を立ち上げたと発表した。しかし党の政策は示さず「党の約束事はただ一つ、多選の制限」として、都議としての活動は2期8年を上限にする方針。これでは石丸氏の知名度だけを頼りとする有象無象の集まりとなり、遠からず瓦解するであろう。

本書を読まれてのご意見・ご感想をお寄せください。

政治改革のフォーラムが立ち上がりましたら、そのご案内もいたします。

メールフォームのＱＲコード

鈴木元（すずき・はじめ）

1944年8月8日生まれ、大阪府立東住吉高校の1年生の時「60年安保闘争」に遭遇し参加して社会問題に芽生える。3年生の18歳の時、日本共産党に入党。立命館大学一部学生党委員会委員長として日本で最初の部落解放同盟の大学介入と闘い打ち破る。そしてマンモス大学の昼間部全学自治会組織・一部学友会を民主化、「全共闘」の大学解体攻撃と闘い学園民主化を進める、同経済学部卒業。

日本共産党京都北地区委員会常任委員・京都府委員会常任委員を歴任。参議院京都選挙区において神谷信之助選対本部長として2人区での当選を果たす。衆議院中選挙区京都1区（5人区）において梅田勝選対本部長として複数当選を担う。京都市会議員であった穀田恵二氏の衆議院議員へ転進の本部長としてトップ当選を果たす。京都民主市政の会事務局担当常任幹事として木村万平氏・井上吉郎氏の選挙を闘う。52歳の時、妻が一級障害者となり以来、今日まで28年間、仕事と介護の両立を追求し介護問題でも社会的発言を続けてきた。

かもがわ出版編集長代理・取締役を経て現在顧問。立命館大学総長理事長室室長・大阪初芝学園副理事長・中国（上海）同済大学アジア太平洋センター顧問教授を歴任。1997年以来、中国・モンゴル・ベトナムなどアジア各国で国際協力事業を展開。2019年度外務大臣賞を授与される。2 2023年1月に『志位和夫委員長への手紙』（かもがわ出版）を出版すると同時に共産党によって問答無用に除名処分となる。

著書として『異文化理解・国際協力の旅』（文理閣）、『立命館の再生を願って』（風涛社）、『妻の介護と仕事』（ウインかもがわ）、『中年からの山とスキー』（かもがわ出版）、『京都市の同和行政批判する』（部落問題研究所）、『もう一つの大学紛争　解同・全共闘と闘った青春』（かもがわ出版）、『ポスト資本主義のためにマルクスを乗り超える』（かもがわ出版）、『世の中を変えたいあなたへ』（あけび書房）など多数。

日本ペンクラブ会員・日本ジャーナリスト会議会員。

革新・共同党宣言　共産党の「改革」か、「新党」かを問う

2025年2月11日　初版1刷発行
著　者　鈴木元
発行者　岡林信一
発行所　あけび書房株式会社
〒167-0054　東京都杉並区松庵3-39-13-103
☎ 03.-5888- 4142　FAX 03-5888-4448
info@akebishobo.com　https://akebishobo.com

印刷・製本／モリモト印刷
ISBN978-4-87154-274-6　C3031